解题

问题分析与解决十二法

殷祥◎著

PROBLEM SOLVING

TWELVE METHODS OF PROBLEM
ANALYSIS AND SOLUTION

电子工业出版社
Publishing House of Electronics Industry
北京·BEIJING

未经许可，不得以任何方式复制或抄袭本书之部分或全部内容。
版权所有，侵权必究。

图书在版编目（CIP）数据

解题：问题分析与解决十二法 / 殷祥著. —北京：电子工业出版社，2020.10
ISBN 978-7-121-39502-4

Ⅰ.①解… Ⅱ.①殷… Ⅲ.①管理学—通俗读物 Ⅳ.①C93-49

中国版本图书馆 CIP 数据核字（2020）第 165748 号

责任编辑：张　冉（zhangran@phei.com.cn）　　特约编辑：田学清
印　　刷：天津画中画印刷有限公司
装　　订：天津画中画印刷有限公司
出版发行：电子工业出版社
　　　　　北京市海淀区万寿路 173 信箱　　邮编：100036
开　　本：720×1000　1/16　印张：13.75　字数：154 千字
版　　次：2020 年 10 月第 1 版
印　　次：2023 年 7 月第 3 次印刷
定　　价：59.00 元

凡所购买电子工业出版社图书有缺损问题，请向购买书店调换。若书店售缺，请与本社发行部联系，联系及邮购电话：（010）88254888，88258888。
质量投诉请发邮件至 zlts@phei.com.cn，盗版侵权举报请发邮件至 dbqq@phei.com.cn。
本书咨询联系方式：(010)88254210，influence@phei.com.cn，微信：yingxianglibook。

自　序
PREFACE

　　在你沿着自己理想的价值行走，在别人还没有找到一个适合自己的"新的我"的时候，你已经成为一个"新的你"。那种孤独感是很不舒服的，然而有些人注定为解决问题而生，那便是你的收获。

　　你好，我是殷祥，其实我也不知道要怎样写才算是"高大上"的作品，创作这本书，主要是想把自己一段时期的沉淀呈现出来，以求帮助更多的人在问题管理方面有所进步。我感觉自己并不算是一个热衷于表现的人，也不太爱混迹于各种圈层，那会让我觉得太累、太耗精力。我不想成为别人眼中的人，因为那不算真实的自己，相比而言，我更喜欢自在无拘，欣喜于遇见同路人。

人在不同的阶段会设定不同的目标，总想着能憋足力气，一次性实现目标，可是总有一些现实问题将自己和目标拉得更远。我们在问题中追寻解决的方案，又在矛盾与苦难中笃定前行……

求知、创新、笃行，在路上，我一直坚持用开放的态度来看待所遇到的问题，不一定有力挽狂澜之功力，但仍有一颗赤子之心。好的知识、经验、技法、工具，是需要有效传播和传承的，我所研究的"问题管理"也是集众家之所长，并与自身研究成果有效融合，萃取精髓，易于学习。深入了解这本书，你不难发现其中会有其他大师的"影子"，但这并不是纯粹的"拿来主义"，在致敬原创的同时，我们进行了知识的二次开发。

如果书中的内容对你有所帮助，希望你能分享给伙伴，为他们带来更多延展的可能。此序不一定很全面，但基本能表达我当下的想法。做好人、做好专业，剩下的交给时间，在此一并感谢所有关注我的朋友。

殷祥

2020 年春

目 录
CONTENTS

CHAPTER 1

第一章

问题人生：求知者的哲思

一、你会向问题发起挑战吗 ... 2

二、问题中的机会：创造始于问题 ... 7

三、苏格拉底：我唯一知道的就是我一无所知 ... 12

四、引导人升值的问题导学 ... 19

五、怎样做一个擅长提问的聪明人 ... 26

六、在问题的探究中做学问 ... 32

七、弱者焦虑 强者自律　　34

八、你有职业信仰吗　　41

CHAPTER 2
第二章

在问题中探索：精进者的工具

一、练就发现组织发展问题的火眼金睛　　47

二、成为防患于未然的先知　　66

三、做问题推进积极共识的引导者　　72

四、成为问题管理高手的基本功　　78

五、在细节中寻找真相的逻辑　　84

六、问题管理思维的结构化敏感度　　92

七、探寻问题的重点突破口　　99

八、提高效率的群策群力　　105

九、教练式的绩效辅导　　121

十、自我赋能与笃定前行　　129

十一、重新审视决策的力量　　134

十二、在组织变革中的蜕变　　142

CHAPTER 3
第三章

问题就是课题：智者的应对

一、新晋基层管理者的苦恼　　149

二、多项目协同管理的烦恼　　151

三、空降总监该如何治乱　　153

四、李总眼中的"叛徒"　　155

五、郁闷至极的周总　　157

六、研习你的案例　　159

CHAPTER 4 第四章

在问题中升值：领导者的修炼

一、领导者角色认知十二问　　161

二、领导者的格局与人生七层论　　166

三、领导者的情绪压力自治　　172

四、发现团队建设的规律　　182

五、领导者的激发与辅导　　194

六、塑造企业文化的引领　　203

后记　修行

CHAPTER 1

第一章

问题人生：求知者的哲思

先知先觉、后知后觉、不知不觉，你是哪一种？
哪些事情是你意识到，却没有进行深度思考的？

| 解题： 问题分析与解决十二法

一、你会向问题发起挑战吗

我不会选择做一个平庸的人！问题就是我寻找机会的动力，停滞、懒惰、安于现状，那将被人瞧不起而使我感到痛苦不堪！"做"而论道、守正出奇，我要做有意义的冒险！我要求知，我要创新，我要做一个直击问题的挑战者，而不是一个碌碌无为的彷徨者，宁愿要达成目标时的激动，也不愿要毫无生气的平静。我不会拿暂时的困苦与短暂的舒适做交易，也不会拿我的尊严与懦弱、畏缩做交易，我会以高标准来要求自己，我会在问题解决的道路上不断地修正自己，所有的磨炼都是我值得骄傲的资本。这是问题管理研习社的入社宣言。

在社会转型、经济转轨、各类新兴业态不断涌现及快速迭代的浪潮中，我认为想立于不败之地、跟得上节拍，就需要大多数不甘平庸的人具备处理复杂问题的能力。复杂问题解决起来未必就困难，简单问题解决起来也不一定就容易。身在职场，你要具备最终能使你成为一个高手的特质：机敏、深入思考、善于观察、乐于主动，这些都是基本的。几乎每一位领导心里都有一笔账，在给你升职加薪之前，一定会先盘算你值不值、有没有功劳，而功劳簿上最直观的体现就是你解决了多少有价值的问题。

什么是问题

当一个有机体有一个目标，但又不知道如何实现这个目标时，就产生了问题。问题就是某一事物的现状和自我期待值的差值。一般来说，差值越大，问题越大。

在工作应用中，我们多数会将一个问题分析分解成三个基本成分。

① 已知条件，它是一组关于问题的条件的描述，即问题的起始状态。

② 目标确定，它是问题想要达到的目标状态，即问题的答案。

③ 障碍探究，即那些阻碍目标实现的因素。

当起始状态和目标状态已知，但是从起始状态过渡到目标状态的路径未知的时候，就产生了问题。对问题的初步分析工作包括以下几项。

① 收集有关问题的信息——注意区分描述性信息和人们对问题的评论信息。

② 界定问题的范围——问题涉及哪些人？哪些部门？与哪些事有牵连？

③ 分析问题可能导致的后果。

④ 分析问题产生的原因——注意区分哪些是问题产生的原因，哪些是问题本身的特征。

| 解 题： 问题分析与解决十二法

　　大部分问题的背后都藏着另外的问题，因问题分析不当而造成的决策失误所带来的破坏力是非常大的。不论什么行业，不论公司规模大小，任何一家公司都有这样或那样的问题，关键在于如何拨开重重迷雾，看到问题的本质，并利用有限的资源有效解决问题。

　　在过往的职业经历中，我们一直强调知识不一定就是力量，只有有效运用知识才能带来知识的转化。从知识到经验，再到应用积淀成为一种能力，在这个过程中我们除了能体会到成长带来的喜悦，更能收获知识转化带来的价值。

　　工作本身就是在不停地解决各种问题，如果能更有效地提升我们问题分析与解决的能力，那么我们的工作就能事半功倍，为组织创造更高的绩效。因此，一个人在问题分析与解决上的技巧、效率，将决定他的工作成效。

什么是问题分析能力

　　问题分析能力通常是缜密且系统化的思维的产物，任何一个有才之士都能拥有这种能力。有序的思维工作方式并不会扼杀灵感及创造力，反而会助长灵感及创造力的产生。

　　狄更斯说过："这是最好的时代，这是最坏的时代。"当下我们所处的这个时代，我想可能算是人人为师、人人娱乐的一种状态，各类所谓的"大师"层出不穷，让人眼花缭乱。

　　知识的获取越来越便捷，我们不用进行专门研究就可以获取海量的信息和知识。然而，我们在享受便捷的同时，却对很多事物的分析出现一种从众的状态，只选择最安全的一种方式。

一般来讲，一个群体成员的行为，通常会具有跟从群体的倾向。当他发现自己的行为和意见与群体不一致，或与群体中大多数人有冲突时，他会感受到一种压力，这会促使他趋向于与群体保持一致。这种对事物分析的状态，我觉得在很大程度上会扼杀我们独立思考的思维能力。

问题分析能力体现为我们需要将问题系统地组织起来，对事物的各个方面和不同特征进行系统的比较，认识到事物或问题在出现或发生时间上的先后次序；在面临多项选择的情况下，通过理性分析来判断每项选择的重要性和成功的可能性以决定取舍和执行的次序，以及对前因后果进行线性分析的能力等。

问题分析能力强的人，往往术业有专攻、技能有专长，在自己擅长的领域里有着独到的成就和见解，并达到常人难以达到的境界。同时，问题分析能力还是一个人智力水平的体现。问题分析能力也有可能是先天的，但它在很大程度上取决于后天的训练。在工作和生活中，我们经常会遇到一些事情、一些难题，问题分析能力较差的人，往往思前想后不得其解，以致束手无策，反之，问题分析能力强的人，往往能自如地应对一切难题。

在一般情况下，一个看似复杂的问题，经过理性思维的梳理后，会变得简单化、规律化，从而轻松、顺畅地被解答出来，这就是问题分析能力的魅力。

| **解题：** 问题分析与解决十二法

    发现问题也是一种复杂的认知与分析活动。发现问题不仅需要怀疑精神、冒险精神、创新精神、批判精神，还需要丰富的想象力、敏锐的洞察力、细致的分析力和顽强的探索力。发现问题不仅需要社会需求的推动，而且需要动机的激发。

    分析问题需要交互局内观和局外观两种不同的分析视角。局内观对小问题看得真切、细致，但难免存在当局者迷的缺陷。如果我们进入一个复杂的局中，并且只入不出，就会使我们迷失方向，变得糊涂、顽固、守旧，看不清自己的缺点和局限。为了解决局内观的不足，我们需要时而反省一下我们所入的局，不时地从局内跳出，在局外冷静观察。局外观是在更大的系统和范围内观察原来的对象。由于视界的扩大，就为引入对立观点创造了条件，为触类旁通提供了更多的机会，为冷静反思创造了分析环境。

    从某种意义上讲，分析过程是一个不断入局，又不断出局的过程，是一个交替使用局内观和局外观的过程。

二、问题中的机会：创造始于问题

凡在人类历史长河中有突出贡献的人，都具有善于发现问题和提出问题的能力。他们不仅能学习和借鉴前人的成果和已有的经验，而且能从中发现问题、提出问题，进行新的探索，从而有所创新、有所发明。20世纪30年代，教育家陶行知先生就言简意赅地说过："创造始于问题。"

下面从一则案例说起。

对于大庆油田的发现历程，人们已经耳熟能详了，可是对于日本三菱重工与大庆油田的一段历史，可能知道的人并不多。

1959年9月26日，在松辽地区具有工业价值油流的第一口探井——松基三井开始喷油，标志着大庆油田的诞生。

1960年5月16日，大庆油田第一口生产油井7-11井投产出油。

当时，由于中国对于大庆油田的这些情况尚未在国内外公布，绝大多数中国人也不知道大庆油田到底在什么地方，而日本因为战略上的需要，极为重视中国石油的发展。当听说中国正开发大庆油田时，日本人始终不明底细，于是就把摸清大庆油田的详细情况作为情报工作的重中之重。

首先获得突破的是日本三菱重工的信息专家。1964年4月19日，中央人民广播电台播出《大庆精神大庆人》的报道。第二天，《人民日报》又专门撰文报道。三菱重工的专家们据此判断，中国的大庆油田确有其事，但他们还不清楚大庆油田的具体位置。

在1966年7月的一期《中国画报》上，他们看到一张照片：大庆油田的"铁人"王进喜头戴大狗皮帽、身穿厚棉袄，顶着鹅毛大雪，手握钻机刹把眺望远方，在他身后远处错落地矗立着星星点点的高大井架。唯有中国东北的北部寒冷地区，采油工人才需要戴这种大狗皮帽和穿厚棉袄，三菱重工的专家们由此断定大庆油田大致在哈尔滨与齐齐哈尔之间，但具体位置仍然没有确定。

同年10月，《人民中国》杂志第76页刊登了石油工人王进喜的事迹。事迹中说，以王进喜为代表的中国工人阶级，为粉碎国外反动势力对中国的经济封锁和石油禁运，在极端困难的条件下，发扬"一不怕苦，二不怕死"的精神，抢时间、争速度、不等马拉车拖，硬是用肩膀将几百吨采油设备扛到了工地。

据此分析，他们认为，最早的钻井是在安达东北的北安附近，而且从钻井运输情况来看，离火车站不会太远。在报道中还有这样一句话——王进喜一到马家窑，看到大片荒野时说："好大的油海，把石油工业落后的帽子丢到太平洋去。"于是，日本人从地图上看到：马家窑是位于黑龙江海伦东南的一个小村，在北安铁路线上一个小车站东边十多公里处。

就这样，日本人彻底搞清楚了大庆油田的确切位置：马家窑是大庆油田的北端，大庆油田可能北起海伦的庆安，西南穿过哈尔滨市与齐齐哈尔市铁路的安达附近，南北达 400 公里的范围。

搞清了位置，日本人又对王进喜的报道进行分析。王进喜原是玉门油矿的 1259 钻井队队长，他是 1959 年在北京参加完国庆之后自愿去大庆的。他们从王进喜所站的钻台油井与他背后隐藏的油井之间的距离和密度断定，大庆油田在 1959 年以前就进行了勘探，并且大体知道了油田的储量和产量。

1964 年，王进喜参加了第三届全国人民代表大会。日本人认为，大庆油田如果不产油，王进喜就肯定不会当选人大代表。因此，他们认为这时候大庆油田已经开始大量产油，但炼油规模又如何呢？在 1966 年 7 月的一期《中国画报》上，他们发现了一张炼油厂反应塔的照片。根据反应塔上的扶手栏杆的粗细与反应塔的直径相比，他们得出反应塔的内径长为 5 米。加之参考《人民日报》上刊登的国务院政府工作报告，他们进一步推算出大庆的炼油能力和规模、年产油量等。至此，他们就比较全面地掌握了大庆油田的各种情况，揭开了当时尚未公布的一些秘密。

在对所获信息进行剖析和处理之后，根据中国当时的技术水准和能力及中国对石油的需求，三菱重工断定中国必定要大量引进采油及炼油设备。三菱重工立即集中相关专家和技术人员，全面设计出了适合中国大庆油田的设备，做好充分的夺标准备。不久，中国政府向国际市场寻求石油开采设备，三菱重工以最快的速度和最符合中国要求的设计、设备，一举中标，获取了巨大的商业利益。西方石油工业大国因此目瞪口呆，惊诧不已。

在长期的教学实践中，我们认为分析活动是从问题开始的，善于发现问题和提出问题，是各种专业人才必须具备的素质。分析是为解决一定的问题而进行的，带着目的去分析才有意义，才有可能成功，漫无目的乱想不会有什么结果。明确的分析动机与强烈的分析兴趣和愿望，能推动人们积极地去弄清楚为什么分析问题、分析什么问题、怎样分析问题。只有这样，才能做到心中有数，使分析活动持久有序，能随时随地发现与分析活动有关的一系列事情，使分析有章可循、有始有终。

要想做到这一点，应不断地向自己提出一系列小问题，让思维一步步、一层层地深入展开，直到问题被解决。人们只有在思维清晰时才能顺利进行分析，才能以最简捷、最有效的方法去分析和解决问题。为了拓宽思路，必须要求自己从各个不同方面和角度提出问题，进行分析，尽可能地多想几种解决问题的办法和途径，并择优选用。要善于根据条件的变化，及时拓宽思路，勇于打破条条框框的束缚，克服分析惰性。要想顺利展开思维，还必须以一定的知识储备为前提。只有当一个人有了充足的认知和经验后，才能从中发现问题，找出疑点。正确的思维，还应以正确的分析方法为依托。

| 解题： 问题分析与解决十二法

三、苏格拉底：我唯一知道的就是我一无所知

西方哲学的大贤

苏格拉底（公元前 469—公元前 399）是很多学者都比较有研究兴趣的哲学家。他比孔子晚出世 80 多年，这两位东西方传统思想的重要开启者曾被人比较过无数次。我倒是觉得比高低、论先后并无太大意义，因为历史就是这样存在着的。今天我也来聊聊关于苏格拉底的话题，不过不是比较而是与大家分享、研习"苏格拉底产婆术"。

我们一直将哲学视为系统知识，这类知识是我们穷极一生也可能只触及皮毛的知识。曾经有人在线上辅导时和我说："老师，你不要跟我讲什么引导，我要的是你直接给我答案，你总是反问我，我觉得你在敷衍我。"

我一直倡导的教学理念是以管理者自身的问题，触发其进行深度思

第一章 问题人生：求知者的哲思

考。如果是无知限制了我们的思维，我想我们需要对求知多一份尊重和耐心。仔细看看当下企业管理中比较受欢迎的各种流派的教练技术，在其引导对话中，我们不难发现有关"苏格拉底提问法"的影子。

在教学的方法上，苏格拉底通过长期的教学实践，形成了一套自己独特的教学方法，人们称之为"苏格拉底提问法"。它是指在与学生谈话的过程中，并不直截了当地把学生所应知道的知识告诉他，而是通过讨论问答甚至辩论的方式来展露对方认识中的矛盾，逐步引导学生自己得出正确的答案的方法。

苏格拉底说过："我的母亲是个助产婆，我要追随她的脚步，我是个精神上的'助产士'，帮助别人产生他们自己的思想。"苏格拉底的母亲是一个助产婆，她深谙产婆术，这对于苏格拉底把产婆术用于教育，将教育喻为"为思想接生"有着重大的影响。后来，苏格拉底把教师比喻为"知识的产婆"，因此"苏格拉底提问法"也被人们称为"苏格拉底产婆术"。这一教育理论，是西方最早的启发式教育，它倡导教育者只能如助产婆帮助产妇生子那样去启发和引导学生发现真理与获得知识，绝不能代替学生学习和思考，思想应当诞生在学生头脑里，教师仅仅为其提供帮助。每个人身上都有太阳，我们要做的是如何让它发光。教育不是灌输，而是点燃火种。问题是助产婆，它能帮助新思想的诞生。应用"苏格拉底产婆术"的原则是"有效提问、化繁为简、化简为易、化易为趣、创建关联，帮助他人激活旧知与示证新知"。

解题：问题分析与解决十二法

了解"苏格拉底产婆术"的四个推进步骤

苏格拉底一生并没有留下什么著作。关于他的教学内容，大多是通过其两个弟子在后来的著作中用记录的方式流传下来的。他的两个弟子一个是柏拉图（代表作：《理想国》，他和老师苏格拉底、学生亚里士多德并称为希腊哲学三贤），另一个是色诺芬（代表作：《希腊史》《经济论》）。

以下是苏格拉底与欧谛德谟有关正义的对话。

苏格拉底：让我们列出两行，正义归于一行，非正义归于另一行。首先，虚伪归于哪一行？

欧谛德谟：归于非正义一行。

苏格拉底：偷盗、欺骗、奴役等应归于哪一行？

欧谛德谟：应归于非正义一行。

苏格拉底：如果一个将军必须惩罚那些极大地损害其国家利益的敌人，他战胜了这个敌人，并且奴役他，这对吗？

欧谛德谟：不能说不对。

苏格拉底：如果他偷走了敌人的财物，或在作战中欺骗了敌人，这种行为如何呢？

欧谛德谟：当然正确，但我指的是欺骗朋友。

苏格拉底：好吧，那就来专门讨论朋友间的问题。假如一个将军所统帅的军队已经丧失了勇气，处于分崩离析之中，如果他告诉他的士兵，生力军即将前来增援。他欺骗了战士们，使他们鼓起勇气，取得了胜利。这种欺骗行为如何理解呢？

欧谛德谟：也算是正义的。

苏格拉底：如果一个孩子生病，不肯吃药，他父亲欺骗他说药好吃，哄他吃了，他的病因而好了，这能算欺骗吗？

欧谛德谟：也应归于正义一行。

苏格拉底：假定有人发现其朋友发了疯，因怕他自杀，就偷了他的枪，这种偷盗是正义的吗？

欧谛德谟：应该算是正义的。

苏格拉底：你不是说不能欺骗朋友吗？

欧谛德谟：请让我把所有的话全部收回。

苏格拉底说过："我唯一知道的就是我一无所知。"他还说过："我像一只猎犬一样追寻真理的足迹。"

"苏格拉底产婆术"教学法主要为思想接生，引导人们产生正确的思想。这一方法有四个推进步骤。

① 反讽，即从所讨论的问题出发，针对学生的回答不断地提出反问，即使学生答错也不立刻纠正，而是接着提出补充问题加以引导，使之发现自己认识上的矛盾，否定自己所肯定过的错误意见和观点。

② 助产，苏格拉底认为自己在这一环节的任务是充当智慧的"助产士"，以暗示性的语言和相关示例的方式进一步启发和引导学生积极思考，帮助学生主动发现新知识并走上正确认识的道路，进而得出正确的结论和获得新知。

③ 归纳，即通过对讨论所涉及的具体现象、具体事物进行比较分析，找出它们的共性、本质，由特殊上升到一般。

④ 定义，即将所讨论的具体现象、具体事物归入一般概念，得到关于它们的普遍性认识并清晰地表达出来。

一无所知的智慧

如前所述，苏格拉底说过："我唯一知道的就是我一无所知。"

前面苏格拉底与欧谛德谟的对话启发我们：必须敢于怀疑自己的认识，必须不断否定谬误而追求真知；知识无穷尽、真理无穷尽；自己现有的知识里面可能包含错误，比起知识的无边海洋，自己目前的学问实在算不了什么。求知乃是不断自我提高、自我否定、自我认知的无穷过程。

一个人的学识越渊博，越能感受到世界的差异，越愿意走出自己的小圈子，去接触不同的世界。认知水平越高的人，越能发现自身的不足，越能听取别人的建议；反之，认知水平越低的人，越固执，越认为只有自己是正确的。

也许你有过这样的经历：在与别人沟通时，你从各种角度和他分析问题，然后提出一个比较客观的观点或者解决方法，结果他就是不听，表现得十分固执，无论你如何劝说，他依然固执己见，觉得自己是对的。

认知水平低的人，他们的认知模型非常单一，扩展性不足，所以他们在遇到问题时，没有更多的选项，只能使用同一套模型来解决和处理问题。而认知水平高的人，他们的认知模型更加丰富，他们深知万事万物可能有多种不同的形态，并且能接受"世界与自己想象中的并不一样"。

如果用数学的集合来表示一个人的认知水平，那么认知水平低的人，他们的个人构念就是 A，而认知水平高的人，他们的个人构念就是 B。但是 B 包含 A，除 A 外，他们还有 C、D、E、F、G……

当一个人变得固执时，实际上，他是在大脑中关闭了学习的开关，关停了接触新事物的"触角"。一个人如果固执到一定的程度，甚至还可能会形成偏执型人格障碍。认知水平越低的人，他们就越安于现状。相反，认知水平越高的人，他们往往越愿意学习、提升、总结与反思。这就是为什么一个人懂得越多，他就越了解自己的缺点的原因。因为他们思考得越多，他们对世界越了解，越明白知识是学不尽的。

因此，认知水平高的人都表现得非常谦虚，他们对事物的看法比较多样，能够察觉到别人的处境。相反，如果你遇到一个完全无法沟通的人，那么在很大程度上，是因为你们的认知水平并不匹配。

四、引导人升值的问题导学

什么是问题导学

问题导学是一种教学模式,是指通过提出有挑战性的问题引导学习者学习,使其在解决问题的过程中学习知识技能、养成习惯、形成能力,从而获得积极发展。

问题导学模式以"问题解决"为基石,一切问题的提出都是为了最终的解决,没有问题解决,提出问题便没有价值。另外,问题导学模式突出导学案的引导性、学习的自主性、小组的合作探究性和学习者的充分展示性,学习什么知识、什么时候学、怎么学、学多深、学多广等,都是在问题、项目、任务的驱动下进行的。把握问题解决,就是把握学习者成长的全过程;注重问题解决,就是注重学习者成长的价值,从"要他学"转化为"他要学"。

| 解题：问题分析与解决十二法

在企业经营管理的各项培训活动中，我认为问题导学可以让团队高效地分析与解决问题，同时可以构建更好的协作关系。

问题导学的核心内容

第一环节：提出问题，并将问题梳理成导学案

导学案的核心内容是问题设计，通过对问题的情境、原因、应对状态等方面的梳理，凸显问题的教学意义与价值。因此，导学案有以下三种功能。

导读，即对基本知识梳理和识记的过程。通过自主学习，完成导学案的相关部分。根据导读提示，研读教材内容，对有疑问或不理解的地方做好标记，准备提交团队讨论解决。

导思，即从问题引导入手，深入思考理解知识，变学为思，变教为诱。导思贯穿导学案的整个过程，是导学案的重点内容。

导练，即在导学案的引导下，展示交流学习成果，质疑答疑、点评释疑的过程。在这个过程中，培训者应适时进行点拨，以达到充分暴露问题、解决问题的目的。

第二环节：形成以学习者为主体，以培训者为主导的核心理念

以学习者为主体，即在学习的过程中，把学习的主动权交给学习者。学习者由听众变为演员，积极主动地进行自主学习，思考问题，初步解决问题，再充分利用集体的智慧合作探究，进一步解决问题。通过展示交流，

学习者可以展现自我，充分解析思维过程，大胆质疑，优化答案，提升能力；通过达标检测，学习者可以反思自我，巩固知识，查缺补漏。

以培训者为主导，即培训者由演员变为导演，在课堂上以组织者、引导者、合作者、帮助者的身份参与到学习者动态信息交流的过程中。强调学习者的主体地位，并不意味着培训者的作用就不大了。相反，这样的教学设计对培训者本身提出了更高的要求，如果忽视了培训者的主导作用，那么学习者的学习将变成没有目标的盲目探索，讨论交流将成为不着边际的漫谈。

培训者的主导作用主要体现为以下几点。

① 认真编写导学案，主导教学方向，调控教学的进度。

② 课中引导。通过课中观察，指导学习者自主学习，引导学习小组开展有效的合作、探究、展示交流，使学习者通过体验成功的乐趣激发学习的积极性。

③ 参与到存在困惑的小组中并帮助其解决困难。

④ 主导课堂氛围，通过积极的评价、鼓励，让学习者在民主、积极、愉悦的氛围中学习。

第三环节：自主学习——推进问题导学的能力支撑

问题导学模式下的自主学习是以导学案为载体，有规划、有明确的目标和任务及发现的问题，随时接受学习者的咨询及为学习者提供帮助的过程。这样的自主学习，确保了每一位学习者都能独立思考，为后续的集体讨论、展示交流奠定基础。在学习者自主学习的过程中，培训者应多观察、多了解，随时给予其肯定性评价和积极的鼓励，想方设法地调动学习者的学习兴趣，激发其学习热情。

当学习者的思维遇到障碍，停滞不前，或学习者的思维出现偏差时，培训者应发挥其主导作用，指导学习者走出困境，自主学习。

第四环节：合作探究——推进问题导学的形式保障

不同的学习者是用不同的方式来建构知识的，且不同的学习者总是看到事物的不同方面，对学习有不同的理解。学习者之间的这种差异是客观存在的。因此，一方面，要理解和尊重这种差异；另一方面，这种差异为交流和合作提供了可能和心理基础。

从这个角度讲，交流与合作是人的一种需求，"学习者之间的这种差异"也是交流与合作的存在条件，所以合作探究是推进问题导学的形式保障。因此，应充分利用学习者之间、小组之间的交流与合作进行自主学习。

小组就是一个紧密的学习共同体，学习者一起探索交流，在小组内基本可以完成学习任务的 50%～80%。所以，在这种模式下，学习者与培训者有着同等重要的作用。通过小组文化建设，如创设组名、形成组训、制作组徽、制定小组公约、确定目标、展示积分等，可以提高小组的凝聚力。

在合作探究中，学习者必须有明确的分工和责任，否则就会造成积极主动的人多做、消极被动的人不做，导致合作的效率越来越低，不能顺利实现合作探究的目标。因此，应根据学习者的能力特点进行分工，可以一个人承担一个角色，也可以一个人承担几个角色，还可以进行轮换，这样可以使学习者得到不同的训练，以培养其能力。

第五环节：展示交流——推进问题导学的重要环节

展示交流是解决学习内驱力的最好手段，是学习成果的最直观体现，是培训者进行学情调查的直接途径，也是培训者做出决策评定的依据。展示交流是促进学习者成长的重要形式，通过展示交流，学习者可以展现个性与发挥才智。它可以保障学习者自信地成长，拓宽学习者自主学习和合作探究的渠道。同时，它也是学习者学习动力的源泉之一，成功的展示交流意味着成就感的满足。

学习本可以是一件快乐的事，进行展示交流，不是学习形式的改变，而是学习者内在的需求。问题导学模式非常重视学习者的展示交流，而展示交流又凝聚了众人的智慧，释放个体、展示个体，又充实和完善个体。

展示交流不能是自主学习的重复，而应是自主学习的延续、发展、落实和提升，展示交流必须突出学习重点，解决问题。

第六环节：达标检测——推进问题导学的质量保障

知识的掌握，关键在于落实，达标检测就是知识掌握的落实环节。通过这一环节，学习者可以巩固知识，同时为其反思提供依据，让他们发现

解题： 问题分析与解决十二法

学习中的漏洞，查缺补漏。

培训者必须有效地设计检测题，紧扣当堂课的学习目标，针对当堂课的重难点，同时检测题的内容要具有层次性、拓展性，能够检测不同层次学生的目标达成情况。另外，培训者必须灵活运用检测的方法。达标检测也是培训者了解学习目标落地情况的重要手段，所以在方法上可以多样化，如成果汇报、提问答辩等。但是不论采取什么方法，都需要结合学习者的实际情况，做到精练、有趣、实用，以巩固和升华学习者的知识。

问题导学模式下的一堂课可以以其中一个环节为主，也可以同时融合几个环节，分为自主课、展示课、反馈课、训练课、综合课等课型，从而把握问题并解决问题。

优化教学设计的"六化"

目标具体化

明确学习目标可以帮助学习者较好地获知需要掌握哪些知识、掌握到什么程度，增强学习者的学习意愿和针对性。

知识问题化

知识问题化即围绕学习目标，设计出能激发学习者主动思考的问题。教学设计的问题必须有探究价值，权衡难易，既能让学习者感受到挑战，留给学习者思考问题的空间，又能激发学习者的探究精神。

问题探究化

教学设计应加深学习者对问题的理解，增强探究的针对性和有效性，让学习者在探究的过程中经历思维碰撞的过程、问题生成的过程、知识升华的过程、能力提升的过程。

探究层次化

探究的问题要分层设置，引导学习者层层深入地进行认知、理解、掌握，并对不同层次的学习者提出不同的要求。

过程目标化

教学设计的过程应始终以目标为核心，避免跑偏，抓住重点目标、突破难点目标。学习的过程就是目标达成的过程。

问题知识化

问题知识化即将探究的问题转化为具体的知识点，帮助学习者巩固提升，并对学习者进行达标检测，进一步落地学习成果。

问题导学在工作中的应用，已不单单局限在培训教室中。在涉及具体的任务时、在项目攻关时、在出现实际问题时、在上级指导下级时、在团队追求发展时，都可以应用问题导学模式，而在这一刻你能产生什么样的思考呢？

| 解题：问题分析与解决十二法

五、怎样做一个擅长提问的聪明人

爱因斯坦说过，提出一个问题往往比解决一个问题更为重要。因为解决一个问题也许只是解决一个数学上或实验上的技巧问题，而提出新的问题、新的可能性，从新的角度看旧问题，却需要创造性的想象力。

美国的一家数据分析公司在一项调查中发现，小孩说话的内容中有 70%～80%是由问题组成的，而大人只有 15%～25%的问题。该公司价值和战略方面的主管认为造成这种现象的原因是从上学到工作，只有能够答出正确答案的人才能获得最多的认可或奖励，而不是提出问题的人，"质疑大众的认知甚至会被边缘化、被孤立或被视为威胁"。

人们往往急于得出结论，而不是提出更多的问题，缺乏充分的提问，会让人做出不妥的决定。因此，我们应该慢下来花时间去思考如何提问更多、更好的问题。

我觉得人的一生就是在不断地为认知买单，求知的需求是伴随着每个人的自我成长而不断涌现的。在问题管理研习社的活动中，我经常建议伙伴们基于不同的问题需要及情景状态，设计有效的提问，让我们的思考与行动更具成效。在有效提问的同时，触动别人更好地参与我们的问题，因为真正的高手能够从我们的提问方式中分辨出我们在提问前做了多少准备和思考，他更愿意帮助那些已经尝试解决问题的提问者。

八步引导式提问

我们在问题研习活动中常用的参与问题的八步引导式提问如下。

第一步：发生了什么事情

这个问题可以让别人有机会陈述事情，不要习惯性地先给问题定性，毕竟不了解就没有发言权。

第二步：你有什么样的感受

当一个人有强烈的情绪波动时，第三方的言论不容易被其采纳，因此可以先询问一下对方的状态，看对方是否受到问题的刺激而产生不良情绪。如果对方确实产生了不良情绪，那么可以先表达自己的同理心，待对方平复情绪后再引导提问。

第三步：你想怎么办

探寻对方面对问题时的态度及结论，有效地听其讲完，分析并准备进行下一步的积极引导提问。

第四步：你觉得什么是最有效的措施

不要急于否定对方的观点，给予对方尊重和认同，同时提出协商和探讨的观点，为其出谋划策，和他一起构思解决问题的方法，让我们的言论具有影响力。

第五步：如果实施这些措施后果会怎样

每一个解决方案的背后都有可能出现一个需要承担的后果，因此需要询问对方是否可以接受这个后果，并陈述有可能发生的一系列问题及其效应，引导对方思考是否有善后预案。

第六步：你最终决定怎么做

当分析完所有的情况和后果之后，对方也会权衡利弊，选择最有利的解决方案。这一般是最合理、最明智的选择。有时即便他的选择不符合我们的建议，我们也要表示尊重，因为试错也是一种成长，当然有时会付出一定的代价。

第七步：你哪里需要我的协助

当对方明确说出希望得到帮助时，我们可以根据自己的精力、价值适当给予其帮助。但是一定要记住，不能做问题解决的主导者。

第八步：下次我们该怎么做

问题就是课题，等事情过去，我们需要进行复盘的思考，反思自己的判断和解决办法是否有效，提高自己分析决策的能力。

5W2H 分析法

除八步引导式提问外，5W2H 分析法也可以在提问中得到有效应用。

5W2H 即何因（Why）、何事（What）、何人（Who）、何时（When）、何地（Where）、如何做（How）、何价（How much）。5W2H 分析法不仅有助于思路条理化，而且有助于掌握对事物发展的提问技巧。

除此之外，我们在实际提问设计中，可以应用以下四种问题，每种问题都能帮助我们得到不同的结果。

第一种：澄清式问题，有助于更好地理解已说过的内容

"你能不能告诉我更多内容""为什么你这么说"等都属于这类问题。这类问题可以帮助我们发现说话内容背后的真正意图，让我们更加了解彼此，并引导我们解决相关的问题。在实际沟通中，人们通常不会问这些问题，因为人们常常自己做假设，然后自行脑补缺少的部分。

第二种：相邻式问题，用于探讨谈话内容中容易被忽略的相关方面

"这种作业方式如何适用于不同的环境""这种技术的相关用途是什

么"等都属于这类问题。对于眼前任务的专注，通常会抑制我们对探索性问题进行深究，因此这类问题可以帮助我们做一些深度关联。

第三种：漏斗式问题，有助于更深入地了解问题及答案

提出这类问题是为了理解问题的源头在哪里及答案是如何产生的。例如，"这个分析你是怎么做的""为什么不包括这个种类"。这类问题可以根据某个组织的设计或产品提出来，很多时候在介入问题时会显得恰到好处。

第四种：拔高式问题，引发广泛层面的思考

太过沉浸于当前的问题会使我们难以看清问题背后的全貌。因此，"如果资源不够，还要执行，我们最大的问题是什么""我们讨论的方向是正确的吗"等，这类问题可以把我们带到一个更高的层面，帮助我们更好地看到单个事件之间的关联。

提问之前需要问自己以下四个问题。

① 提问的目的是什么？

② 想得到什么？

③ 想让对方怎样？

④ 提问是具有攻击性的还是想给对方安全感？

在关键点上引发对方出现不同的反应预判。

① 形成挑战。

②激发思考。

③引起关注。

④刺激情绪。

有关提问的反思如下。

①问题的结论是什么？

②理由是什么？

③哪些描述不明确？

④什么是价值观假设和描述性假设？

⑤推理过程中有没有谬论？

⑥证据的效力如何？

⑦有没有替代原因？

⑧数据会不会存在欺骗性？

⑨有什么重要信息被忽略了？

⑩能得出哪些合理的结论？

擅长提问的技法，只是问题分析与解决的能力的一部分，要想做一个擅长提问的聪明人，我们更要思考：不是所有的问题都是真正的问题，不是所有真正的问题都值得被解决。问题分析与解决的能力，也不是一朝一夕就可以练就的，而我们可以在不断分析和解决问题的过程中得到成长。

| 解 题：问题分析与解决十二法

六、在问题的探究中做学问

在问题管理研习社的活动中，我推崇伙伴们去读一读梁漱溟先生的著作。为什么我们在进行问题分析时需要学习其问题探究的方法，而我们又该怎样去学习领悟。

这里我们回顾一下中国著名的思想家梁漱溟先生1928年在广州中山大学的演讲《思考问题的八层境界》的核心内容，来进一步激发伙伴们进行思考，提高自己的思维层次和水平。

第一层：因为肯用心思所以有主见（形成主见）。

第二层：有主见乃感觉出旁人意见与我两样（发现不能解释的事情）。

第三层：此后看书听话乃能得益（融会贯通）。

第四层：学然后知不足（知道不足）。

第五层：由浅入深便能以简驭繁（以简驭繁）。

第六层：是真学问使有受用（运用自如）。

第七层：旁人得失长短一望而知（一览众山小）。

第八层：自己说出话来精巧透辟（精辟通透）。

生活中有太多的人成了表象信息的主观定义者，这些人活在自己给自己编织的"信息茧房"里，在移动互联网迅猛发展的今天，人们所关注的信息领域会被抓取、推送，进而被自己的兴趣所引导。梁漱溟先生的这八个层次，让我对问题管理这门学问中有了更深的理解，对自身的认知也更为透彻。

时代的发展、社会的进步、信息技术的迭代，让知识的获取更为便捷，然而浮华之下粗制滥造的现象频频出现。学问之道漫漫，而商业渲染却急不可待，管中窥豹之人急于"布道"，在浮躁的圈层中"疯狂地舞蹈"。

自我觉察：怀敬畏之心，行育人之事。从知道有触动，到做到有行动，再到悟到有精进，"布道"有传承，正道有正果。道虽远，念已至。

| 解题： 问题分析与解决十二法

七、弱者焦虑 强者自律

享受孤独

  从追求物质的丰裕到精神的自由，人类将经历一个学会独立思考、坦然面对孤独的彷徨时期。人在群体中生存，但精神、情感和意志并非一定依附于群体。群体意识是否意味着为了大多数人的利益可以牺牲少数人？适度脱离群体，学会和自己相处，孤独是可贵的，但对大多数人来讲却又是恐惧的。在移动互联时代的高速节奏中，过度社交所产生的后果就是自己的可支配时间、金钱等被浪费，尤其是时间。

  一次听到一首歌，歌词中所表达的意思，当时我感觉非常契合自己那个阶段的状态："春眠不觉晓，处处问题不少，我的生活越来越浮躁，没有时间弹琴看书，没有时间享受孤独。"后来我发现孤独还能出好作品，如一些脍炙人口的经典歌曲，几乎都是作者在孤独时一气呵成的。曾有人说过："当我们惧怕孤独而被孤独驱使着去消灭孤独时，是最孤独的时候。"

人只有在和自己对话时,才能自我反思。

哲学家们从古至今一直没有停止过探索关于孤独的深意。叔本华说,要么孤独,要么庸俗。他还说过,只有当一个人独处的时候,他才可以完全成为自己。谁要是不热爱独处,那他就是不热爱自由,因为只有当一个人独处的时候,他才是自由的。正是孤独让我们变得出众,而不是合群。社交可以体现一个人的外在价值,但孤独能塑造一个人的内在价值。亚里士多德说,离群索居者,不是野兽,便是神灵。

这个世界,一些人赢在了不像别人,一些人输在了不像自己。这个世界没有一个人理应懂你,一个人最应该争取的是懂得他自己。一个人在孤独的时间所做的事,决定了这个人和其他人根本的不同。用"不合群"的时间去重塑真正的自我,成为自己的朋友!有人曾问过古希腊哲学家芝诺:"谁是你的朋友?"他回答:"另一个自我。"

自我意识的觉醒,是走向精神独立的开始,同时也是孤独的开始。

在这个弱肉强食的世界里,有时"吃掉"你的不是他人的强大,而是自己内心的软弱和空洞。世俗的成功解决不了内心的空虚和自我的渺小感。人必须有足够的勇气来面对孤独,才能真正享受独立和自由。浅水喧哗,深水沉默。在成长的过程中,还有一门必修课,那就是学会与孤独相处,有时正是孤独,让我们区别于他人。有无独处的能力,关系到我们能否真正形成一个相对自足的内心世界。

> 解题：问题分析与解决十二法

周国平说，无聊者自厌，寂寞者自怜，孤独者自足。真正的平静，不是远离喧嚣，而是在心中修篱种菊。

自我发现的随笔

在此与大家分享几则我近年来关于"自我发现"的思考后随笔。

随笔一：十年

远处追风而来的少年，风切断了锐利的角。

伤痕验证了远行的荣耀，不知从什么时候开始不闻风情。

昨夜的酒杯中，还有一滴苦水，这杯敬给了自由与不羁。

眼前凝视远方的身影，夜盗走了悸动的心。

岁月镂刻出深邃的印记，也不知从什么时候开始唏嘘命运。

今宵的茶盏里，还有一丝甜馨，这杯敬给了孤独与使命。

十年一瞬意阑珊，入局出局看不穿。

流年无恙行江湖，归来独坐须弥山。

随笔二：活得真实

曾经一度认为重情义的人活得会更真实，

能够如实地感知情感与自我调适。

现在却发现内外相煎寻找到生活本质的意义与价值，

懂得怎样去处理发自内心的善念与爱，学会怎样去欣赏自己，

从向生活发起挑战到平静笃定地在红尘中修行，

这应该算是活得真实。

尔虞我诈的算计、歇斯底里的抓狂；

欲哭无泪的窘迫、令人作呕的谄媚……

从局外观来看，众生百态，会让我们更清楚地窥探真实的人性。

从追求物质的丰裕到精神的自由，

人在群体生活中的表现，得以体现自我的存在感，

但其实精神、情感与意志并非一定依附于群体。

学会独立思考，坦然面对内在世界的孤独与彷徨，

理性看待世俗的给予，是自我意识的觉醒。

活得真实需要我们不断加持自己的修为，

有时更需要一种坚韧的勇气。

随笔三："做"而论道

我说什么不重要，重要的是，你想要什么？

或许连你自己也不知道。

在已知的已知中转圈，每次采取同样的行为，

解题： 问题分析与解决十二法

却还期待不一样的结果，那叫"笨"。

在已知的未知中探索，积极学习先进的经验，

一定会有成果的呈现，那叫"察觉"。

在未知的未知中发现，连接多元思维的无限，

可能会有更好的预见，那叫"智变"。

我做什么很重要，不勉强别人相信，不需要违和的参与。

我想说在黑暗中前行，先让自己发光，

让更多人看见光亮，寻光而动……

随笔四：你想控制的最终也控制了你

当一个人被外界影响太多，一边在寻找一边在失去时，

并非定有对错，可起心动念间却已然没有那么纯粹！

高尔夫球，孤孤单单地在偌大的草坪上滚动着；

台球，五颜六色地集中在一个台面上互相挤压碰撞着。

不同的抉择，依然各有各的精彩。

一切都在你的意识内发生，

你可能会发现，你想控制的最终也控制了你。

独处不一定就会孤独，而盲目的社交却有可能让你心生孤独感……

岁月回旋，生活终究会放过你，

可是你呢，又何曾能够放过自己？

觉醒者的从容

"活着就是为了改变世界"，很多人觉得这句话很大，深入理解你会发现浅层次的世界在我们之外，深层次的世界在我们之内。

欲望意味着匮乏，而匮乏就是痛苦，欲望的满足则意味着欲望的空白，而这就是无聊。在一个人的生活中，精神需求相对于物质需求所占的比例越高，他就越满足。我能想到为什么很多人都返璞归真了，一切事物到了最后，都会以最简单宁静的姿态呈现。我们的本性经常被两个东西扰乱，一是利益的争夺，二是流行的观念。庄子对此早有警示，称前者为"丧己于物"，称后者为"失性于俗"。一个人把许多精力都给了物质，就没有什么闲心来照看自己的心灵了。

道法法不可道，问心心无可问，悟者便成天地，空来自在其中。你的精神资源决定了你的精神结构。法为流，心为源，我们的心就是我们的"世外桃源"。历经万千后方有察觉，既然没有净土，不如静心，而若可静心，处处净土；既然没有如愿，不如释然，而若可释然，处处如愿。我们的心在喧嚣的路上颠簸，我们常常嚷着要去寻觅内心的平和，其实它一直都在，从不需要我们去寻觅。当我们从"为欲望而劳役，终日的忙碌"中静下来时，自然就会感受到它的存在。

| 解题： 问题分析与解决十二法

我们读了哪些书不重要，最重要的是哪些书的哪些内容被我们的精神世界所消化、吸收，最终变成我们举手投足中隐含或外溢的"三观"。我们生来就像一个空杯，然后慢慢地被自己看到的、听到的、闻到的、尝到的、触到的、想到的灌满。我们对"自己是谁"和"自己在做什么"缺乏察觉。

看破才能放下，放下的力量不够是因为对事物的认知没有真正看透，没有看透就没有看破，没有真正看破就不能真正放下。在红尘中修行，并非一定要让自己成为一个伟大的人，而是让自己拥有觉醒的力量。我们必须乐于当一个完全平凡的人，也就是接受我们本来的样子。

人内心的觉醒也是一次"重生"。当你觉醒时，你将不再寻找爱，而是成为爱，创造爱！当你觉醒时，你才开始真实地、真正地活着。以充满创意的方式让自己觉醒，继而让他人觉醒，其实很多时候，让自己觉醒和让他人觉醒，是一体两面。

当我们认识到自己仅仅是一滴水的时候，同时也完成了对海的认知。

本是一滴水，融入一杯茶，茶便是我；

本是一滴水，融入千江水，江便是我；

本是一滴水，泠泠遍大千，大千便是我；

我中有大千，寂静生莲华，莲华做何子，洒便净虚空。

在生命的长河里，我们常常说"渡河去彼岸"，但只有终于了悟没有彼岸时，我们才真正抵达彼岸。

八、你有职业信仰吗

财经作家吴晓波老师曾经说过,与其说一个人像他的父母,不如说他更像这个时代。金钱不代表一切,人最终还是需要感动和醒悟的,这个过程需要有关爱、付出和责任。

我觉得职业上的信仰比任何时候更迫切地需要回归。否则,我们的社会将会为此付出巨大的代价。

一个人如果在精神层面无所依、无所畏,那他必定受制于感官上的欲望。在市场经济与社会不断地发展演变中,没有职业信仰,人们就会开始迷失自我,做出许多违背初衷的事。

我觉得信仰不是目标,也不是使命之类的东西,它是一种生活的状态和愿景。信仰不是被实现的,而是一种在路上的过程,是被用来永远追求的。因为有了信仰,人的思想才会充实,知道自己应该做什么、如何去做;因为充实,人的内心才有了真实的快乐。

| 解题： 问题分析与解决十二法

　　人类最充沛的幸福感来自精神状态，而统摄精神的最高力量就是信仰。我们需要信仰的支撑，使我们的精神不动摇地维系我们的理想世界。信仰不是证明，也不是逻辑，而是将一件事情坚持到底。

　　英国喜剧大师卓别林说过，我相信，信仰是我们一切思想的先行官。否定信仰，等于反对我们一切创造力量的精神源泉。

　　中国舞蹈艺术家杨丽萍说过，舞蹈是什么？是语言、是信仰、是一种生活的方式……

　　凡有大成者都对自己的工作十分投入，他们历经困苦，却无怨无悔，像对待生命一样负责地对待自己所从事的工作。这是因为他们对自己所从事的工作有信仰、有热爱。信仰本身就是一种价值，坚持这种信仰就可以使自己有所追求、有所寄托。信仰是心中的"绿洲"。爱情可以是一种信仰，职业也可以是一种信仰。把自己的职业当成自己的信仰，那会增加我们的幸福感。职业信仰的树立可以帮助我们坚定未来的目光，让人生充满外在物质无法填补的内在精神的激荡！

　　社会中很多人都有信仰，对自己的信仰十分虔诚。那么，现在又有多少人可以像对待自己的信仰那样对待自己的职业呢？

　　信，相信。仰，敬仰。信仰，对世界观、人生观相信并敬仰，在生活中按照所信仰的世界观、人生观行事与做人。不能照做，不叫真信仰。不同的信仰，决定了一个人为人处世的态度和出发点，也决定了他的所作所为，而他将来的结果也会大不相同。

第一章 问题人生：求知者的哲思

追求信仰不一定是轰轰烈烈的过程，而是一个漫长积累的过程。信仰包含着信仰者对美好理想的追求。信仰是一种行为，它只有在被实践的时候才有意义。我们的使命绝不是求得一个足以炫耀的职业，因为它可能不是那种由我们长期从事而始终不会使我们感到厌倦、劲头低落、热情冷却的职业。

医先品德而后学问，士先器识而后文章。社会中越缺失职业信仰，越意味着我们不能一味地随波逐流，我们比任何时候都需要职业信仰的回归。但当下社会有很多人被偏颇的信息影响，内心失去了对职业的敬畏之心。

所谓职业信仰的实践，在我的理解中，是一个人非常明确自己的职业方向并认真做好现在的每一项工作，只有这样，他才会把一项看似平凡的工作做出滋味且富有创造力。能结合本职工作找到自己的职业信仰，从而把每天枯燥的工作转变成有价值、有意义且充满乐趣的工作，就是职业信仰的实践。成功的过程虽然各不相同，但最重要的是坚持到底，同时也只有坚定职业信仰才能在遇到问题时迎难而上。

怎样将职业信仰融入工作中呢？很多职场人士都读过美国作家阿尔伯特·哈伯德的《把信送给加西亚》一书，借其中一段内容来给更多职场伙伴提供参考。

1. 如果你只为薪水而工作，你的生活将因此陷入平庸之中，你找不到人生中真正的成就感。工作的目的虽然是获得报酬，但工作能给你带来的远比工资要多得多。

2. 不要小看自己所做的每一件事，即便最普通的事，也应该全力以赴、尽职尽责地去完成。小任务顺利完成，有利于你对大任务的成功把握。

3. 如果你自认为敬业精神不够，那就趁年轻的时候强迫自己敬业——以认真负责的态度做任何事！经过一段时间后，敬业就会变成一种习惯。

4. "每天多做一点"的工作态度将会让你从你的同事中脱颖而出，不管你是普通职员还是管理者，这都一样。你的上司和顾客都愿意加倍地信赖你，从而给你更多的机会。

5. 如果你永远保持勤奋的工作态度，你就会得到他人的称许和赞扬，就会赢得器重，同时也会获取一份最可贵的资产——自信。

6. 一个忠诚的人十分难得，一个既忠诚又有能力的人更是难求。在人生事业中，需要用智慧来做出决策的大事很少，需要用行动来落实的小事甚多。少数人需要智慧加勤奋，而多数人却要靠忠诚和勤奋。

7. 热忱是工作的灵魂，甚至就是生活本身。年轻人如果不能从每天的工作中找到乐趣，仅仅因为要生存才不得不从事工作、完成职责，这样的人是注定要失败的。

8. 付出多少，得到多少，这是一个众所周知的因果法则。回报也许无法立刻得到，却可能会在不经意间，以出人意料的方式出现。

9. 如果不是你的工作，而你做了，这可能就是机会。

CHAPTER 2

第二章

在问题中探索：精进者的工具

工欲善其事，必先利其器，刻意练习使自己成为高手。
有些问题需要你自己去寻找答案，你也是自己的老师。

第二章 在问题中探索：精进者的工具

一、练就发现组织发展问题的火眼金睛

在组织发展的问题上你还是在"头疼医头、脚疼医脚"吗？不管是职业经理人，还是自主创业的经营者，掌握一种"诊断"企业组织发展问题的方法，是非常有助于经营管理的。

在过去服务客户的经历中，我曾接触过一家做汽车配件的民营企业。甲方企业的老板非常热衷于学习，经常现身于各类培训课堂中，一年培训费达 200 万元，其中给某家培训机构的一次性打款就有 80 多万元。他还带了一批管理者去参加所谓的"训练营"，回来之后，他异常亢奋，学这样、改那样，乐此不疲，折腾了两三年，好像学了不少知识，但企业组织发展的问题依然没有得到解决。可以说，他在求知和解决问题的过程中确实走了一些弯路。

第一次给这家企业开诊断会时，企业中的高层管理者都参会了。会上，我先提了两个问题。

| 解题： 问题分析与解决十二法

第一，企业的战略目标是什么？

我得到的回答是："冲刺2亿元！"

这是把销售指标等同于战略目标了。

第二，企业的企业文化是什么？

我得到的回答是："那个是他们搞的，我们知道得不是太清楚。"

这是把企业文化当成HR部门的事情了。

得到这两个问题的回复后，我基本确定他们之前花了那么多钱，"鸡血式"的培训参加了不少，所谓"智慧的点子"也听了不少，但激动过后剩下的依然是不知如何行动。

从咨询顾问的角度来看，在给企业做诊断时，要想清晰归类企业组织发展的问题，就需要用到麦肯锡7S模型。接下来简单介绍一下麦肯锡7S模型。

① 战略定位是否明确。战略定位是对企业发展目标的总体规划，是企业经营思想的集中体现，是企业一系列战略决策的结果，同时还是制定企业规划的基础。产品的种类、品牌、地位、数据是否清晰呈现，主要取决于战略定位是否明确。

② 组织结构是否有效。组织结构是为战略实施服务的，不同的战略需要不同的组织结构，因此组织结构必须与战略定位相协调。

③ 制度设计是否落地。企业应制定与战略相一致的制度，防止制度与战略不配套、不协调。此外，企业还应做好制度保障工作，避免制定背离战略的制度。

④ 管理风格的形成。优秀的企业都呈现出既中央集权又地方分权的宽严并济的管理风格，既要赋予一些关键部门一定的自主权，又要对其进行关键点把控。

⑤ 人员（员工）是否合适。战略实施的成败与有无合适的人员去实施有很大关系。实践证明，人员的配备是战略实施的关键。

⑥ 技能有没有跟上。在实施战略时，员工需要具备较高的技能，这有赖于严格、系统的培训。如果不接受培训，一个人即使有非常好的天赋资质，也可能无从发挥。

⑦ 共同价值观的塑造。企业员工共识共守的共同价值观具有导向、约束、凝聚、激励及传承作用，可以激发全体员工的热情，让员工统一为企业的战略目标而努力。

战略、结构、制度、风格、员工、技能、共同价值观，这就是美国麦肯锡顾问公司研究中心设计的企业组织七要素（即麦肯锡 7S 模型），如图 2-1 所示。

| 解题： 问题分析与解决十二法

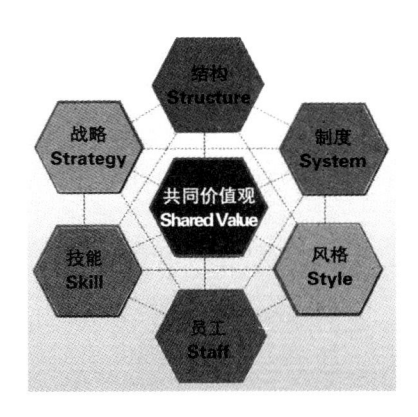

图 2-1 麦肯锡 7S 模型

麦肯锡 7S 模型[1]的应用要点如下。

①麦肯锡 7S 模型中的另外 6 个要素，以共同价值观为基础。

②在这个模型中，战略、结构和制度是企业成功的"硬件"。

③风格、员工、技能和共同价值观是企业成功的"软件"。

④针对组织效率低下的问题，麦肯锡 7S 模型是一个非常有效的诊断工具。

⑤麦肯锡 7S 模型可以指导组织变革，将理性的"硬"要素与感性的"软"要素结合起来。

麦肯锡 7S 模型常用于组织变革、战略调整等情况下的问题诊断。

---

1 美国麦肯锡顾问公司研究中心设计的麦肯锡 7S 模型研究框架，总结了成功企业的一些共同特点。虽然当下各种有关组织管理的模型不断涌现，但是麦肯锡 7S 模型历久弥新，具有广泛的影响力。

第二章 在问题中探索：精进者的工具

那么，企业应怎样开展相关的诊断工作呢？

> **实践练习**
>
> （1）在企业内找到各部门的主要负责人开一个专题研讨会，围绕麦肯锡 7S 模型在组织管理中的应用，梳理各个模块，看看自己有什么做得不足的地方，然后从不足之处入手展开下一步的改进工作。
>
> （2）这里我们也给出相关问卷（见下文《麦肯锡 7S 模型组织诊断参考问卷》）作为参考，可以在企业内部开展自我诊断，寻找组织变革与调整的方向。

麦肯锡 7S 模型组织诊断参考问卷

注意事项：

一、本次调研为不记名问卷调研，请单独填写，并客观发表意见和建议。

二、请注意阅读各个问题，并用"√"选择答案。

1. 您是否明确了解公司的战略规划？（单选）

   （1）（　　）明确

| 解题： 问题分析与解决十二法

（2）（ ）不太明确

（3）（ ）不清楚

2. 您是否明确了解公司的经营目标？（单选）

（1）（ ）不太明确

（2）（ ）明确

（3）（ ）不清楚

3. 您认为您目前的绩效考核指标是否合理？（单选）

（1）（ ）指标设置合理

（2）（ ）指标设置太高

（3）（ ）指标设置一般

（4）（ ）指标设置不合理

4. 您是否能完成公司赋予您的绩效考核指标？（单选）

（1）（ ）能完成

（2）（ ）能完成但压力过大

（3）（ ）完不成

（4）（ ）轻松完成

（5）（ ）无法预测

5. 公司的战略规划是否对您自身的工作和发展有明确指导？（单选）

（1）（ ）有

（2）（ ）没有

（3）（ ）不清楚

6. 领导对您的绩效考核指标多久调整一次？（单选）

（1）（ ）12个月及以上

（2）（　　）6（含）~12个月

（3）（　　）3（含）~6个月

（4）（　　）3个月以下

7. 您认为公司的组织结构是否适合公司的发展现状？（单选）

（1）（　　）部门设置合理

（2）（　　）部门设置过多

（3）（　　）部门设置太少

（4）（　　）管理层级过多

（5）（　　）其他_____

8. 您认为各个部门的职责设置是否合理？（限选3项）

（1）（　　）部门职责设置合理

（2）（　　）部门间职责存在交叉或模糊地带

（3）（　　）部门职责存在遗漏

（4）（　　）部门职责设置过细

（5）（　　）部门职责设置过粗

（6）（　　）部门职责与实际执行存在差异

（7）（　　）其他_____

9. 在日常工作中，您认为您的岗位职责设置是否合理？（单选）

（1）（　　）岗位职责设置合理

（2）（　　）岗位职责设置过细

（3）（　　）岗位职责设置过粗

（4）（　　）存在因人设岗的情况

（5）（　　）其他_____

10. 在需要相关部门协助时，您认为公司内部跨部门的协作存在哪些问题？（限选3项）

（1）（　　）部门间目标存在差异

（2）（　　）部门内部服务意识不强

（3）（　　）部门内部存在本位主义思想

（4）（　　）部门间职责划分不明确

（5）（　　）信息传递不对称

（6）（　　）缺少跨部门协作的负责人

（7）（　　）其他_____

11. 您认为公司的制度流程设置是否合理？（单选）

（1）（　　）制度流程设置合理

（2）（　　）制度流程设置不规范

（3）（　　）制度流程设置太细

（4）（　　）制度流程设置太粗

（5）（　　）不清楚

（6）（　　）其他_____

12. 您认为公司目前各项运营系统运转的整体效率和效果如何？（单选）

（1）（　　）运转效率高，效果很好

（2）（　　）运转效率高，但是效果差

（3）（　　）运转效率一般，效果一般

（4）（ ）运转效率低，效果不好

（5）（ ）没有看法

13. 您认为以下哪个运营系统是制约公司整体运营的重要因素？（限选 3 项）

（1）（ ）新产品研发

（2）（ ）营销

（3）（ ）人力资源

（4）（ ）财务管理

（5）（ ）采购与供应商管理

（6）（ ）生产

（7）（ ）质量管控

（8）（ ）客户关系管理

（9）（ ）项目管理

14. 您认为公司在人力资源管理的哪个模块是瓶颈？（限选 3 项）

（1）（ ）人力资源规划

（2）（ ）招聘

（3）（ ）培训

（4）（ ）薪酬

（5）（ ）绩效

（6）（ ）员工关系

15. 您了解公司目前的文化关键词的含义吗？（可列举）

（1）（ ）_____

| 解题：问题分析与解决十二法

    （2）（　　）_____

    （3）（　　）_____

    （4）（　　）_____

    （5）（　　）_____

    （6）（　　）_____

  16. ××是公司的核心价值观吗？（单选）

    （1）（　　）是

    （2）（　　）不是

    （3）（　　）不知道

  17. 您认为公司的共同价值观能否进一步提高员工的工作积极性？（单选）

    （1）（　　）能提高

    （2）（　　）不能提高

    （3）（　　）不确定

  18. 您认为公司是否有明确的企业文化？（单选）

    （1）（　　）有

    （2）（　　）没有

    （3）（　　）不清楚

  19. 您认为公司应该具备什么样的企业文化？（限选3项）

    （1）（　　）民主的

    （2）（　　）开放的

    （3）（　　）竞争的

（4）（　）创新的

（5）（　）积极向上的

（6）（　）包容的

（7）（　）务实的

（8）（　）诚信的

（9）（　）其他_____

20. 您认为公司目前在价值观的文化宣传方面是否达到理想效果？（单选）

（1）（　）经常宣传，效果很好

（2）（　）经常宣传，效果不佳

（3）（　）偶尔有宣传，效果一般

（4）（　）基本不宣传

（5）（　）完全没感觉

21. 您认为公司在企业文化的哪个方面需要加强？（限选3项）

（1）（　）给予员工荣誉感

（2）（　）实现员工成就感

（3）（　）增强员工归属感

（4）（　）激发员工使命感

（5）（　）增强员工责任感

（6）（　）不清楚

22. 您对您的职业生涯整体满意度如何评价？（单选）

（1）（　）满意度低

（2）（　　）满意度较低

（3）（　　）满意度一般

（4）（　　）基本满意

（5）（　　）非常满意

23. 您认为目前在人力资源管理方面影响公司长远发展的突出问题或风险主要有哪些？（限选3项）

（1）（　　）人员总量不足

（2）（　　）关键员工的数量不足

（3）（　　）关键员工的能力不高

（4）（　　）用工成本大幅上升

（5）（　　）普通员工队伍不稳定

（6）（　　）关键员工队伍不稳定

24. 您认为公司在人力资源管理方面需要改善的地方有哪些？（限选3项）

（1）（　　）人力资源理念

（2）（　　）人力资源规划

（3）（　　）招聘培训

（4）（　　）薪资福利

（5）（　　）考核晋升

（6）（　　）激励奖励

（7）（　　）不需要改善

25. 您认为公司现在最需要什么类型的人才？（限选3项）

  （1）（　）专业技术及研发

  （2）（　）运营管理

  （3）（　）项目管理

  （4）（　）质量管理

  （5）（　）财务管理

  （6）（　）人力资源管理

  （7）（　）信息化管理

  （8）（　）其他_____

26. 您认为公司应该用什么方法留住人才？（限选3项）

  （1）（　）提高工资待遇

  （2）（　）增加学习和进修机会

  （3）（　）完善人才培训制度

  （4）（　）建立公平合理的考核和奖励机制

  （5）（　）加大感情投资

  （6）（　）建立合理的用人机制

  （7）（　）对人才进行职业规划

  （8）（　）塑造良好的企业文化

  （9）（　）营造良好的工作氛围

  （10）（　）其他_____

| 解题： 问题分析与解决十二法

27. 结合目前的情况，您认为哪些因素是导致人才流失的主要原因？（限选3项）

  （1）（　）员工长期无法实现其职业生涯规划目标

  （2）（　）公司很少考虑员工的价值观与公司的价值观是否统一

  （3）（　）缺乏科学的人才甄选机制

  （4）（　）盲目追求高学历人才，导致人才积压

  （5）（　）缺乏晋升通道

  （6）（　）薪酬制度不合理

  （7）（　）缺乏良好的工作氛围

  （8）（　）其他_____

28. 您认为您目前的薪酬水平如何？（单选）

  （1）（　）相对同行业偏高

  （2）（　）和同行业差不多

  （3）（　）相对同行业偏低

  （4）（　）不清楚

29. 您认为公司人力资源结构的哪方面存在问题？（限选3项）

  （1）（　）技术类员工年龄偏小

  （2）（　）管理类员工年龄偏小

  （3）（　）技术类员工学历欠缺

  （4）（　）管理类员工学历欠缺

  （5）（　）技术类员工能力欠缺

（6）（　）管理类员工能力欠缺

（7）（　）其他_____

30. 您认为自己从培训中所学到的知识对实际工作帮助大吗？（单选）

（1）（　）帮助非常大

（2）（　）帮助比较大

（3）（　）有些帮助

（4）（　）帮助不明显

（5）（　）几乎没帮助

31. 您认为公司的核心技能是什么？（单选）

（1）（　）模具设计制造

（2）（　）自动化设计制造

（3）（　）产品设计创新

（4）（　）项目管理

（5）（　）生产制造

（6）（　）其他_____

32. 您认为公司未来最重要的核心竞争力是什么？（限选3项）

（1）（　）战略管理能力

（2）（　）企业文化与价值观影响力

（3）（　）资本运作能力

（4）（　）客户开发能力

（5）（　）项目管理能力

（6）（　）技术研发能力

（7）（　）制造管理能力

（8）（　）其他＿＿＿＿

33. 您认为自身能力在以下哪些方面需要改善？（限选3项）

（1）（　）交流表达能力

（2）（　）革新创新能力

（3）（　）自我提高能力

（4）（　）与人合作能力

（5）（　）组织协调能力

（6）（　）社会交往能力

（7）（　）心态调节能力

（8）（　）解决问题能力

（9）（　）外语应用能力

（10）（　）其他＿＿＿＿

34. 您认为您的领导需要具备的素质包括以下哪些？（限选3项）

（1）（　）战略远见与系统思维

（2）（　）组织领导能力

（3）（　）团队合作意识与能力

（4）（　）决断决策能力

（5）（　）知识理论素养

（6）（　）创新精神

（7）（　）文化传承意识、人文关怀情怀

（8）（　）其他＿＿＿＿

35. 您认为您的领导属于哪种管理风格？（限选3项）

　　（1）（　）指令型领导

　　（2）（　）领跑型领导

　　（3）（　）愿景型领导

　　（4）（　）亲和型领导

　　（5）（　）民主型领导

　　（6）（　）辅导型领导

　　（7）（　）授权型领导

　　（8）（　）保姆型领导

　　（9）（　）放任型领导

　　（10）（　）其他_____

36. 您认为您是否适应您的领导的管理风格？（单选）

　　（1）（　）完全适应

　　（2）（　）比较适应

　　（3）（　）不太适应

　　（4）（　）根本不适应

37. 您认为您的领导需要在哪方面做出改善？（限选3项）

　　（1）（　）保持和蔼态度，改善火暴脾气

　　（2）（　）倾听更多来自下属的意见

　　（3）（　）激励下属，而非批评下属

　　（4）（　）明确指令，而非含糊其词

　　（5）（　）给予下属更多的信任和授权

（6）（　）给予下属更多细致的指导

（7）（　）身体力行，发挥带头作用

（8）（　）冷静分析，而非感情用事

（9）（　）其他_____

38. 您认为您的领导在做决策时更多依靠以下哪种方式？（单选）

（1）（　）统计数据

（2）（　）自身经验

（3）（　）随机应变

（4）（　）咨询其他人

（5）（　）不清楚

39. 您认为您的领导在做决策时的速度如何？（单选）

（1）（　）当场决定

（2）（　）及时决策

（3）（　）犹豫不决

（4）（　）拖拖拉拉

（5）（　）朝令夕改

（6）（　）不清楚

40. 您认为您与领导的沟通是否有效？（单选）

（1）（　）效果非常好

（2）（　）效果好

（3）（　）效果一般

（4）（　）没有效果

41. 在日常工作中，您是否受到过来自领导对您的表扬与鼓励？（单选）

（1）（ ）经常

（2）（ ）有，但不多

（3）（ ）偶尔

（4）（ ）从未

42. 您认为您的领导在带领团队时关注哪几个方面？（限选3项）

（1）（ ）强化标准

（2）（ ）强调质量

（3）（ ）团队合作

（4）（ ）团队创新

（5）（ ）关注过程

（6）（ ）注重结果

（7）（ ）其他_____

43. 您认为公司的哪些制度或流程需要改进？（至少列出3点）

44. 对于公司的发展，您有什么建设性的建议或意见？（至少列出3点）

45. 基于麦肯锡7S模型的问题诊断工作，您需要和谁沟通？

| 解 题： 问题分析与解决十二法

二、成为防患于未然的先知

预见风险

我想生活中几乎每个人都有痛点，很多鼓吹出来的"鸡汤式"的良方，不一定能够给你有效的帮助。作为一个成熟的管理者，应该有自己独立思考的能力。问题管理的最高境界，并非等到问题发生后再急于解决问题，防患于未然，能够预见风险才算是高手。正如职场人经常说的一句话，"发现不了问题可能就是最大的问题"，人无远虑，必有近忧。作为管理者，应将预见风险更好地应用到实际生活与工作中。

管理者要推崇"问题管理"。海尔集团 CEO 张瑞敏说过："管理者必须进行问题管理，而不是危机管理。"

问题管理的特点主要有三方面。

一是防患于未然，防止问题演化为危机。问题管理强调"从危机管理到问题管理",这并不是说要取代危机管理,而是要将以危机管理为主转向以问题管理为主,做到"以防为主,防消结合"。

二是分析和解决关键问题,过滤假问题,解决真问题。十个重点等于没有重点,直击核心,避免过程中偏离主题。

三是跨专业、跨部门地分析和解决问题,打通不同专业或部门之间的障碍。越来越多的企业用问题管理来指导日常管理工作。

那么,怎样才能将隐性的意识显性地表现出来呢?管理者如何激发团队成员分析和解决问题呢?我们设计了一个问题风险防范DDT模型,如图2-2所示,让伙伴们有效地对自己的问题有一定的预见与洞察。

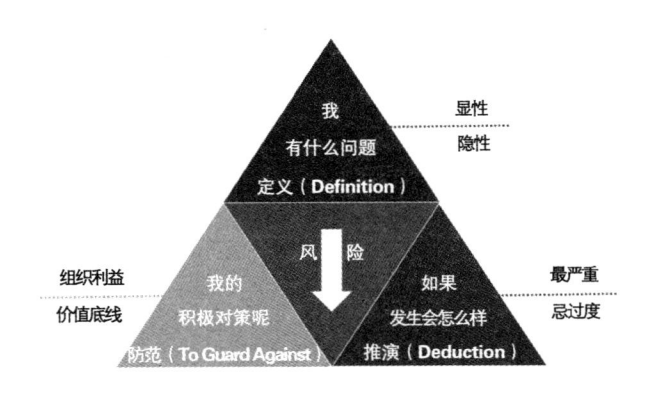

图2-2 问题风险防范DDT模型

风险有时不能被完全消除,但可以通过防范来降低。还没有发生的,并不代表不会发生,通过进行前瞻性的分析推演,预见风险并提早介入其

| 解题： 问题分析与解决十二法

中，同时提高你的科学决策能力。这个模型可以有效防范问题的发生，强化我们的问题管理意识，降低问题发生后的纠错成本。

问题风险防范 DDT 模型的应用要点如下。

① 确定我有什么问题。这个过程分两个层次：显性和隐性。发现自身所要面对的或潜在的问题，判断是否存在因信息不对称而造成的隐性问题，以及问题和自身之间存在何种关系，自己是否需要为之负责。

② 进行事物发展的分析推演。思考如果这个问题发生会怎样，会给自身带来怎样的负面影响。其中，延伸的思考是"问题所带来的最严重后果我是否能够接受"。在推演的过程中还需注意的是，避免出现过多的消极思维，从而导致分析过度。

③ 基于推演内容思考对策。这个过程应从预见风险到构思预案，从而进行有效的预防工作来降低问题发生的风险。这个过程延伸的思考是："我的对策是否符合组织利益"，只有符合组织利益才能得到更多人的支持；"我的对策是否遵守价值底线"，对策应该是在合规与合法的前提下提出的，否则自身将会从一个风险陷入更多风险。

④ 管理者要促进团队成员集体危机意识的养成。这个过程需要管理者组织团队成员进行头脑风暴，及早介入管控。因问题分析不当而造成的决策失误，才是一个组织最大的管理成本。因此，管理者应运用有效的方法提高团队成员的问题风险管控能力。

管理者的科学预见

管理者身负组织管理的重任，真诚、有前瞻性、有激情、有能力，这些品质一直被认为是管理者应具备的品质。科学预见需要站在未来的角度，因此管理者的角色认知将直接影响其对工作预见的效果，缺乏角色认知与全局观的管理者会出现决策上的"短视"。管理者思维的预见性，是指根据事物的发展特点、方向、趋势所进行的预测、推理的一种思维能力。管理者思维的预见性并不是与生俱来的，而是客观事物在头脑中主观反映的产物。

管理者的科学预见，一般可分为两种类型。

经验性预见

经验性预见即管理者根据自己在工作中积累的直接感觉、经验而做的预见。经验性预见缩短了从认识到实践这一转化过程的时间，在日常生活和低层次管理中占据重要位置。但它具有表面性的特点，容易"一叶障目"，仅看到外在的现象、事物的一部分，不能洞察其本质、顾及其整体，或者忽略一些新的变动和不确定因素。这会导致管理者在工作中很难做出最优的决策，从而给工作带来损失，因此它属于一种初等的、低层次的预见。

创造性预见

由于事物的未来走向没有固定的模式或必然的结局，而是随着客观现实

| 解题： 问题分析与解决十二法

的变化，特别是随着组织变革或市场改革的不断深化而呈现不确定的状态，因此管理者必然面临大量的新情况、新形势，从而需要解决管理工作中不断涌现的新问题、新矛盾。这就要求管理者要以灵活和发展的眼光洞察未来，创造性地估计事物的未来发展趋势和变化前景，以便规划未来或对现在的管理模式、管理手段进行调整，使管理工作按较好的方式向前发展。

科学预见有可能性、模糊性、随机性、灵活性的特点，预见的结果可能成为现实，也可能只是一种理想化的状态，管理者要尽量使预见的结果和事物发展的趋势之间的差异最小，从而避免决策上的失误。如果管理者的知识面窄、观念落后、思想陈旧，则会对决策的预见性思维活动产生消极影响。同时，管理者也要注意避免因自身情绪不佳而给自己或他人带来消极影响，出现过分注重个人感情、情绪不良宣泄等情况，从而形成偏颇、固执的心境，这是情绪效应的其中一个表现。情绪效应的另一个表现，反映为管理者容易感情用事，使思维失去判断力，从而让自己陷入混乱的状态。

认识来源于实践，而预见也不是空想的结果。凭空想象、闭门造车而进行的预见是毫无事实和实践根据的。管理者只有经常注重实际探索，深入一线进行调查研究，及时了解实际情况，总结一线的实践经验，不断对客观事物进行分析、综合、比较，才能获得正确的认识，做出正确的判断并指导工作，提高决策的可行性、科学性和实用性。

第二章 在问题中探索：精进者的工具

> 实践练习
>
> 做一次问题风险防范 DDT 模型的应用推演，组织一次管理者与团队成员之间的会谈，并使用这个模型预见问题的风险，与团队成员感知科学预见的必要性。注意发现过程中可以产生什么新的感悟。

解题：问题分析与解决十二法

三、做问题推进积极共识的引导者

说清楚讲明白

管理学大师德鲁克说过："一个人必须知道该说什么，一个人必须知道什么时候说，一个人必须知道对谁说，一个人必须知道怎么说。"在生活或工作中，你有没有过这样的经历：有人作为问题方需要向他人（关联方）求助解决问题，但他就一个问题描述了很久，而他人也没有搞懂他到底想要表达什么，本来一群人在一起讨论问题，没想到最后的结果却是不欢而散。在需要关联方参与问题的解决时，当出现问题方对问题描述不清的情况时，就会增加很多的沟通成本，而沟通成本增加又会导致问题解决效率低下，甚至可能引发争执和冲突。

为了改善这种状况，在介入问题解决之前，我们通常会让问题方将自身的问题描述清楚。要想让关联方更好地参与到问题解决中，问题方对于问题的描述就需要多讲实际症状，就像医生问诊一样，不要急于下定论，不要被惯性思维牵着走，让关联方知道发生了什么，以便其获取信息，以促进共识的达成。

我们设计了一个问题描述 5I 环形结构，如图 2-3 所示。这个结构简单易用，可有效解决沟通与理解障碍。问题描述的结构明确了，我们的思路就清晰了。

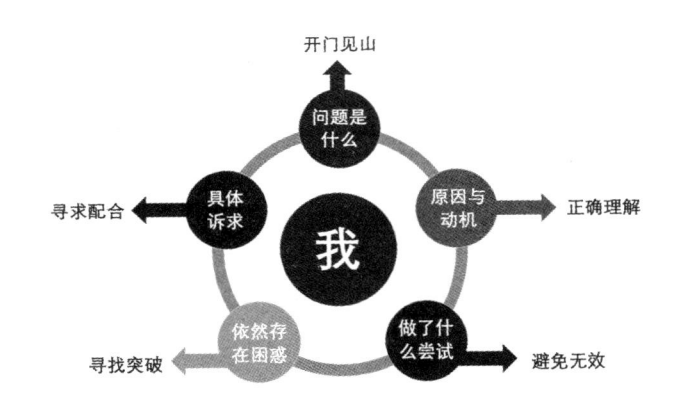

图 2-3 问题描述 5I 环形结构

问题描述 5I 环形结构的应用要点如下。

① 明确我的问题是什么。这里的"开门见山"强调的是避免入题缓慢。在描述问题时要避免碍于情面，讲话绕弯，应直接抛出主题，引发对方关注。

② 明确我想解决这个问题的原因与动机是什么。这里我们把原因理解为浅层次，把动机理解为深层次。在过去的经历中不难发现，有些人在

| 解题： 问题分析与解决十二法

描述问题时，只是传达了有关原因的信息，却不讲清楚深层次的动机或基于某种原因刻意隐瞒了自己解决问题的真实动机，这会让关联方无法精准地理解问题，从而在行动上出现偏差。

③ 明确我做了什么尝试。在已知的问题上，自身有做过怎样的努力、做到什么程度、投入了多少成本、效果又是怎样的，这些都是需要和关联方强调的。如果忽略了这些信息的描述，关联方有可能在不了解情况的前提下采取无效的行为。

④ 明确我依然存在什么困惑。应明确在做了很多尝试之后，这个情况是否有所改善、当下未能达到预期效果的原因是什么、自己对问题解决过程中涉及的一系列问题有怎样的认知、当下有没有下一步的构想，以及怎样和关联方一起探索等。

⑤ 明确具体诉求。在描述问题时有一个很糟糕的现象：有时自己只是宣泄了情绪，却没有讲清楚具体诉求。既然需要关联更多的伙伴来参与问题的解决，那就必须想好了、讲清楚关联方该怎样和自己配合，对于具体的权责应该有所交代。

积极主动的共识

沟通并不是让我们去改变别人，但很多人在沟通起始就忽略了这一点。有时候在问题解决的过程中，人们会因为对问题的认知不同而产生不同的解决思路。当别人不认同你时，你很多时候都在想极力地说服对方，改变对方的观点,其实当你有这样的想法时,对方也可能在想怎么说服你,这样一来二往就容易产生不同认知立场、思维与行为上的博弈。因此,这就需要进行深度的沟通,让彼此及多方达成共识。共识的形成过程如图 2-4 所示。

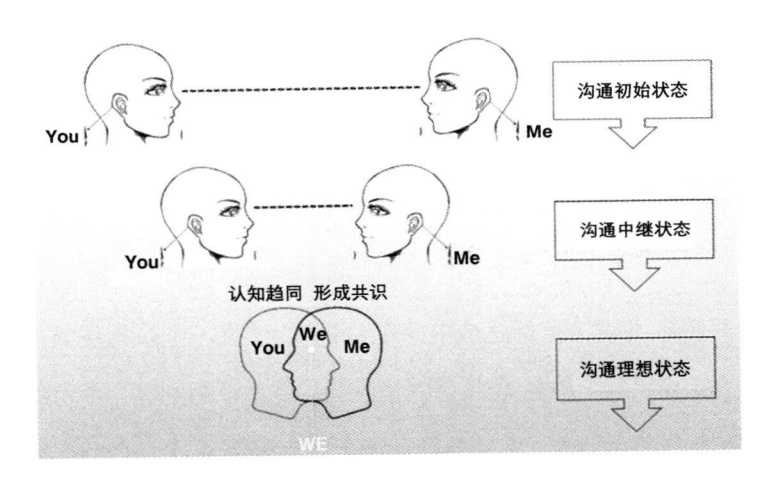

图 2-4 共识的形成过程

在沟通初始状态,由于彼此间的认知不充分,彼此间的距离会较远。随着问题沟通深入交换的信息量的增加,彼此间的距离会相对靠近一些。

在沟通理想状态,彼此认知趋同,就会产生一定的融合,融合的部分称为共识区域。融合有利于问题的推进,使问题方与关联方达成共识,而不是僵持不下。

组织管理中多数成员都能理解、接纳并愿意努力去实践这个过程,

| 解题： 问题分析与解决十二法

这是一种发自内心的认可、接纳，是一种"积极主动的共识"。

以下列举五个积极主动的共识。

①方向的共识（经营战略共识）。如果无法达成方向的共识，那么将导致组织高层与执行者之间对于战略的理解不一致，组织高层以为执行者已理解自己的战略意图，此时产生的就是"消极被动的共识"。

②节拍的共识（实施节奏共识）。有时，组织高层之间在战略方向上意见一致的时候，却有可能在战略实施的节奏上产生分歧，这就需要有深度沟通后的实施计划作为支撑，不然有可能又回到方向的共识上转圈。

③路径的共识（目标达成的路径共识）。这是一个执行层面的内容。在具体的实施路径无法达成共识的情况下，经过权衡利弊，可以以一线的实际情况作为参考，同时如果条件允许也可以采用互联网企业常用的"A/B测试"来推进实施。

④标准的共识（结果的认定与考核共识）。标准的共识即对实现结果的衡量标准达成共识。缺乏标准或对标准没有统一的认识，会造成团队执行效率低下，还会影响执行者的切身利益。因此，事前能确定的一定要事前确定，事前不能确定的则要在过程中逐步明确。

⑤概念的共识（对于概念的理解共识）。跨部门之间、上下级之间由于职责分工不同，存在信息获取不对称的情况，可能对于某个概念的认知和理解不一致，这就需要在会议、培训中侧重讲解容易产生不同理解的概

第二章 在问题中探索：精进者的工具

念，以提高工作效率。

团队达成共识的过程，是从无序到规范的过程，达成共识同时也需要关注利益的平衡。达成共识非常有必要，它能帮助组织的领导者确定最重要的问题，尤其是那些关键的、有时效性的问题。而如果不能达成共识，组织的发展将会停滞不前。

接受还是拒绝一个立场，感情上的依恋绝不应该成为最重要的基础。当你在进行批判性思考的时候，一定要让别人理解你的多角度探索发现，最好让他们相信你的本意是好的。如果产生分析，最好不要以口诛笔伐的方式收场。

实践练习

使用问题描述 5I 环形结构引导问题方更加细致地描述问题，加深彼此间的了解。同时，与团队成员共同思考团队中是否存在积极主动的共识的问题，并思考如何将其应用到实际生活中。

| 解题： 问题分析与解决十二法

四、成为问题管理高手的基本功

一次，有个朋友在微信中向我寻求帮助。他向我请教了一个工作中遇到的问题，让我帮他一起分析，看能否给他一些好的建议。

在听完他的情况后，我用了大约 15 分钟和他交流，又用了大约 20 分钟做了一下功课，进行了问题的梳理，画了一幅分析图并拍照发给了他。

他说我将问题梳理得很清晰，他看完有解决的思路了。本来只是想正好有时间，举手之劳，没想到还有意外收获。

在生活中，我们经常会遇到别人向自己请教问题的情况，其实在当下知识付费的时代背景下，并非一定得是专家、老师才可以给别人"传道受业解惑"，"三人行，必有我师焉"，我们应"择其善者而从之"。只要你的建议和方法在问题方看来行之有效，并且愿意采纳和落实，那这就可以转化为一定的价值。

下面分享一个问题分析与解决的常用方法：特性要因图。它可以有效划分问题维度，细分问题原因，提出问题解决方案。那么，特性要因图是什么？又该怎样应用它呢？或许单讲特性要因图很多人都不太熟悉，但谈及鱼骨图，我想熟悉的伙伴肯定不少。

特性要因图是日本管理专家石川馨先生设计的，它的知名度与普及度很高。问题的特性总是受到一些因素（原因）的影响，找出这些因素，并将它们与特性值一起，按照相关性整理成层次分明、条理清楚的图形，并标出重要因素，这就是特性要因图。因其为石川馨先生设计，其形状又如鱼骨，所以又称之为石川图或鱼骨图。

在多次的教学活动中我发现，特性要因图在职场中的知名度很高，熟练应用度却有待提高。在实际工作与生活中，很多人都认为特性要因图的应用很简单，画一幅图分析一下就好了，但其实他们并不精通特性要因图的操作方法。

特性要因图的应用范围很广，且操作简便，可以快速解构问题的不同原因。它有以下三种类型。

① 整理问题型（各原因与特性值间不是原因关系，而是结构构成关系）。

② 原因型（鱼头在右，特性值通常按"为什么……"的方式描述）。一般原因型较为常用。

③对策型（鱼头在左，特性值通常按"如何提高/改善……"的方式描述）。

特性要因图有以下两个操作步骤。

步骤一：分析问题原因/结构。

①针对问题点，选择层别（通常为人、机、料、法、测、环 6M 结构，如图 2-5 所示）。

②用头脑风暴法分别对各层别进行筛选，找出所有可能的原因。

③将找出的各原因进行归类整理，明确其从属关系。

④分析选取重要原因。

⑤检查各原因的描述方法，确保语法简明、意思明确。

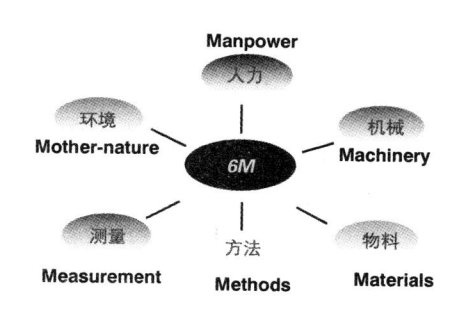

图 2-5　人、机、料、法、测、环 6M 结构

第二章 在问题中探索：精进者的工具

其细节要点如下。

① 在确定大原因（大骨）时，现场作业一般从"人、机、料、法、测、环"着手，管理类问题一般从"人、事、时、地、物、价"着手，可视具体情况而定。

② 大原因必须用中性词描述（不说明好坏），中小原因必须用价值判断（如……不良）。

③ 在头脑风暴时，应尽可能多而全地找出所有可能的原因，而不仅限于自己能完全掌控或正在执行的内容。对于"人"的原因，宜从行动而非思想方面着手分析。头脑风暴应注意四大原则：严禁批评、自由奔放、多多益善、"搭便车"。

④ 中原因与特性值、小原因与中原因之间有直接的原因关系，应一直分析小原因直至可以直接得出对策。

⑤ 如果某种原因可同时归属于两种或两种以上因素，以相关性最强者为准（必要时考虑"三现主义"，即现时、到现场、看现物，通过相对条件的比较，找出相关性最强的原因并归类）。

⑥ 选取重要原因时，不要超过 7 项，且应标识最末端原因。

步骤二：绘制特性要因图。

特性要因图的绘制过程如图 2-6 所示。

① 填写鱼头（按"为什么出现这种情况"的方式描述），画出主骨。

② 画出大骨，填写大原因。

③ 画出中骨、小骨，填写中原因、小原因。

④ 用特殊符号标识重要原因。绘图时，应保证大骨与主骨成 60 度夹角，中骨与主骨平行。

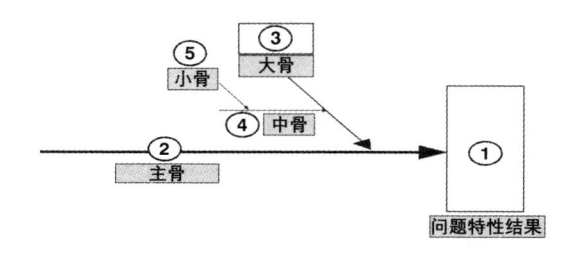

图 2-6　特性要因图的绘制过程

特性要因图是一个非定量的工具，有助于在问题产生的原因不明确的情况下，找到原因所在，将焦点集中到问题的实质内容而非症状上，引导集体提出有效解决方案。

现在，我们从工具应用的角度来做一个引导，把工具应用分为三个层次，对照一下自身的状态，看自身目前处于哪个层次。

① 知道：我只是知道有这么回事，但知道得不够全面，只知其然，而不知其所以然。

② 做到：我有所了解，也将工具应用到工作中了，不过还没有养成更好的习惯。

③ 精通：我不断在新的挑战中实践与创新，不仅养成了习惯，还具备一定的宣传教育能力。

实践练习　　在团队中了解一下其他成员是否可以正确应用特性要因图，引导团队成员养成习惯，并且采取一些措施帮助大家精通特性要因图的操作方法。

| 解题：问题分析与解决十二法

五、在细节中寻找真相的逻辑

在问题原因的梳理活动中，上节介绍的特性要因图从不同原因维度上看，在没有完全确定问题的原因时有助于我们快速刺激思维的发散。这节我们从寻找问题原因得有"刨根问底"的态度入手，深度挖掘问题的真正原因。这时就需要用到 5WHY 分析法与 ODAD 漏斗模型的延展。

5WHY 分析法起源于日本丰田，丰田汽车副公司的大野耐一先生习惯进行现场管理。一次，他在车间里发现了一个问题，于是停下来向工人发问。他反复地就一个问题问"为什么"，直到回答令他满意，被他问到的人也明白为止。

大野耐一在生产线上发现机器总是停转，虽然修过多次，但仍不见好转。于是，大野耐一与工人进行了以下问答。

一问：为什么机器停了？

一答：因为超过了负荷，保险丝就断了。

二问：为什么超负荷呢？

二答：因为轴承不够润滑。

三问：为什么不够润滑？

三答：因为润滑泵吸不上油来。

四问：为什么吸不上油来？

四答：因为油泵轴磨损松动了。

五问：为什么磨损了呢？

五答：因为没有安装过滤器，混进了铁屑等杂质。

经过连续5次不停地问"为什么"，他才找到问题的真正原因和解决的方法，即在油泵上安装过滤器。

这便是5WHY分析法最早的应用形态。简单来说，也就是对一个问题点连续延展5个"为什么"，但在实际运用时不限定只做5次"为什么"的探讨，有时可能只要3次，有时也许要7次，5个"为什么"并不等于5次"为什么"。这是一种诊断性技术，用来识别和说明因果关系链，其真正原因的逐层梳理会引出恰当的问题定义。不断提问为什么前一个问题会发生，直到没有好的理由可回答或一个新的问题被发现时可以暂停提问。

| 解题：问题分析与解决十二法

再看一则案例。

美国华盛顿的杰斐逊纪念堂外墙破损严重，却又找不到具体的受损原因，于是其负责人寻找外部支援进行了一系列的问题原因排查。

第一个为什么：为什么杰斐逊纪念堂外墙受损比别的建筑物更严重？

原因：经常用化学清洗剂对其清洗。

第二个为什么：为什么需要经常用化学清洗剂清洗？

原因：为了清除大量的鸟粪。

第三个为什么：为什么会出现大量的鸟粪？

原因：纪念堂周围聚集了大量的鸟。

第四个为什么：为什么会聚集这么多鸟？

原因：这里有很多蜘蛛，鸟喜欢吃蜘蛛。

第五个为什么：为什么有很多蜘蛛？

原因：周围有很多小昆虫，而蜘蛛喜欢吃昆虫。

第六个为什么：为什么有那么多的小昆虫？

第二章 在问题中探索：精进者的工具

原因：昆虫被纪念堂晚上的灯光所吸引。

••

经过一系列发问，最后得出的解决对策是"当天还没有黑时，拉上窗帘"，最终解决了纪念堂墙面破损的问题。有句话叫作"透过现象看本质"，如果没有找到问题发生的真正原因，最终的结果可能是花了很多成本，问题还是会反复出现，问题重复发生的风险并没有被降低。因此，应针对最后一个"为什么"探索整改的措施。

5WHY分析法看似简单，可在实际应用的过程却有很多人掌握不好应用的要点，主题跑偏是常常出现的情景。在问题研习的活动中，我们提倡问题管理有"四不放过"的原则。

① 发生问题：没有找到真正原因不能放过。

② 分析问题：没有找到相关责任人不能放过。

③ 解决问题：没有得出整改措施不能放过。

④ 管理问题：问题解决的经验没有被应用/推广不能放过。

基于这"四不放过"原则，我们不断强化5WHY分析法的应用要点与效能延展。在运用5WHY分析法分析问题时，应秉持执着的分析态度，大胆假设、小心求证，从结果着手，沿着因果关系链分析直至找到问题发生的真正原因。需要注意的是，在分析过程中要始终保持思维敏感。

① 如果处理直接原因可以防止问题再次发生吗？

② 为什么会发生这个问题呢？从"制造"的角度来看。

③ 为什么之前没有重视或发现这个问题呢？从"检验"的角度来看。

④ 为什么没有从系统上预防这个问题呢？从"体系"或"流程"的角度来看。

⑤ 一定要注意积累有效的问题处理经验，明确问题处理经验是在少数、个别层面还是在多数、组织层面，能否降低管理成本。在实际应用中，可将 5WHY 分析法与经验萃取法相结合。

5WHY 分析法的两种梳理方式如下。

① 从应有状态入手：适用于问题（现象）比较容易明确，原因接近于单一原因的情况。根据以往的经验，我们的脑海里会浮现问题的应有状态，将应有状态和实际状态进行比较，这样就可以在分析的最初阶段聚焦于问题点上。

② 从原理原则入手：适用于问题的发生机理比较复杂的情况。例如，问题发生的原因无法确定，或者即使确定，还存在其他原因的可能性很高。这种梳理方式能发现第一种梳理方式中没有发现的部分，从理论层面展开分析，防止跳跃、遗漏。

在分析活动中，这两种梳理方式没有严格的区分标准。开始的时候，对于容易理解和解析的部分可"从应有状态入手"进行分析，遇到比较难解的部分，可"从原理原则入手"进行分析。

5WHY分析法在应用过程中的注意要点如下。

① 在解析完"为什么"之后，一定要从最后的"为什么"部分开始以追溯的方式解决问题，确认解决措施是否正确。相反地，也可以思考"如果这个问题不发生，前面的问题会不会发生"，并以这种方式确认解决措施是否正确。持续问"为什么"直到引出问题发生的真正原因。

② 在问"为什么"时，一定要注意是否有解决措施。解决措施应达到如下效果。

A．改进后不再发生问题。

B．即使再次发生问题，也很容易发现，或有措施促使我们发现问题。

③ 原因追究尽量避免人的心理层面，如"发呆了""焦虑了"等，应该追究硬件方面或管理机制方面的原因。

④ 不使用"很差""不充分""不足""不到位"等模糊不清的词语。

⑤ 确保对话焦点不会跑偏，注意将他人的思绪拉回到正轨上，通过提问让他人调整思绪。

A. 这是我们可以控制的吗？

B. 这和我们（组织）的根本逻辑相矛盾吗？

C. 你确定如果我们这样改进，就可以避免问题再次发生了吗？

| 解题：问题分析与解决十二法

5WHY 分析法的常规结构如图 2-7 所示。

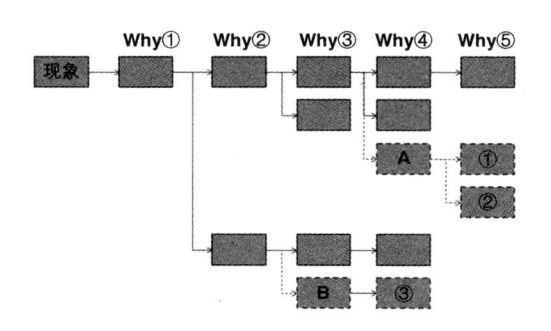

图 2-7 5WHY 分析法的常规结构

在过去教学 5WHY 分析法的过程中，我们发现看似好理解的方法，在应用过程中仍然需要大量指导。为此，基于 5WHY 分析法的延展，这里推荐一个有利于团队会谈、梳理问题真正原因的 ODAD 漏斗模型，如图 2-8 所示。

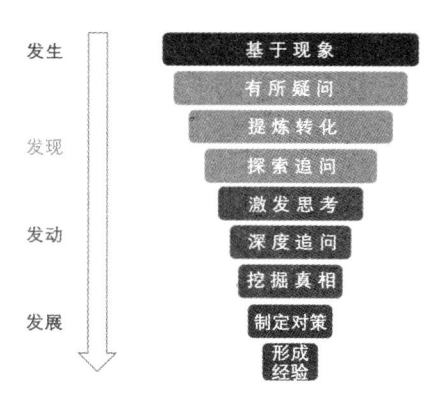

图 2-8 ODAD 漏斗模型

发生（Occur）：关注事实，即是否了解了相关信息。

发现（Discover）：避免出现单一反弹式的反问，需要组织提炼问题的关键点。

发动（Arouse）：组织发动有价值的探讨，进一步提出问题，发现现象背后的本质。

发展（Develop）：面向未来，制定对策，积累经验并有效传承。

> **实践练习**
>
> 与工作伙伴结成三人小组进行角色轮换对话练习，三人分别扮演提问者、描述者和观察者，发现问题并总结记录，看在这个过程中是否产生了有效的提炼追问，以及因果/逻辑关系是怎样的。在这个过程中发现自己有什么新的启发与收获，是否激发了伙伴们对问题的深度思考。

| 解题：问题分析与解决十二法

六、问题管理思维的结构化敏感度

结构化思维的构建

　　思维是智力和能力的核心。通常，智力偏于认识，它着重解决"知与不知"的问题，是保证有效认识客观事物的稳固的心理特征的综合；能力偏于活动，它着重解决"会与不会"的问题，是保证顺利进行实际活动的稳固的心理特征的综合。要想在解决问题或小组讨论时迅速厘清思路，就需要刻意练习结构化思维，学会将所思所想通过特定的思维结构进行分析和整理，将搜集到的信息、数据、知识等素材按一定的逻辑进行归总，继而让繁杂的问题简单化。

　　当一个人习惯了这种思考问题的方式以后，看问题就很容易把控全局，还能挑重点、分层次来探讨。因此，随着一个人职务的提升，他对这种思考能力的要求会越来越高，这种思考问题的方式就叫结构化。

　　思维结构是主体认知所建立的概念、判断、推理的框架及其相互连接、转换和互动的形式。由于人的观察、记忆与人的思维分不开，因此一定的思维结构赋予人一定的观察能力、记忆能力、理解和创造性解决问题的能力。接下来了解一下与思维结构相关的一些理论。

① 思维结构是一个多侧面、多形态、多水平、多联系的结构，主要包括思维的目的、思维的过程、思维的材料或结果、思维的监控或自我调节、思维的品质、思维活动中的非智力因素。

② 思维结构是静态结构和动态结构的统一。如果单纯分析思维结构的具体成分，可以将思维结构看成是静态的；但从思维结构的成分的内在关系和联系来说，从思维结构的发展来说，思维结构在环境的影响下不断发展变化。动态性也是思维结构的精髓。

③ 思维的品质反映了人与人之间思维的个体差异，是判断一个人智力层次、确定一个人智力水平的主要指标。它包括深刻性、灵活性、批判性、敏捷性和独创性五个方面。

④ 思维活动中的非智力因素是指除智力与能力外的，同智力活动效益发生交互作用的一切心理因素，包括情感过程、意志过程、个性意识倾向性、气质、性格等。非智力因素对问题的分析与解决起着动力作用、定型作用和补偿作用。

⑤ 思维是一个较难穷尽的多元结构。由于存在先天和后天的关系、自我认知和社会认知的关系、内容和形式的关系、表层与深层的关系，因此心理能力不是空洞的，它总是和一种活动，或者和一种认知联系在一起。

⑥ 随着思维的目的、思维的过程、思维的材料或结果、思维的监控或自我调节、思维的品质、思维活动中的非智力因素的变化，思维结构也会不断发展变化。我们会有意识地围绕"中心思想"进行论证，其中涉及"子论点"和"论据"的展开，并学会运用"数据"或"案例"说明问题。

构建结构化思维的三个层次

① 理解——隐性思维显性化。

② 重构——显性思维结构化。

③ 呈现——结构思维形象化。

注重平时多积累，可从多写作、多画图开始。

结构化思维清晰表达的四个原则

① 论：结论先行，一次表达只支持一个思想，最好出现在开头或标题中。

② 证：以上统下，任何一个层次的要点都必须是其下一个层次要点的总结概括，直到最后一个层次的要点是客观事实或者数据为止。

③ 类：归类分组，每个层次的要点必须属于同范畴。

④ 比：逻辑递进，每个层次的要点都需要按照一定的逻辑顺序排列。

第二章 在问题中探索：精进者的工具

问题管理九宫结构图

总有一些人在处理问题时能将杂乱无章的信息有针对性地提取并归纳，并将信息整理成有力的理论支持，将其重点内容展示出来。这样的人在工作中往往还能带动他人发散思维，俨然是团队中的意见领袖。或许在你心中也一直藏着这样的自己，身手不凡，总能在关键时刻扭转乾坤。

然而，在现实工作中，有诸多情况让管理者对于问题的分析与解决感到无奈：烦心的事情一大堆，却不知道从哪里入手；不断进行讨论，但是最后迟迟不能达成共识；遇到突发事件措手不及，不知道应该如何处理；经验断层、机制滞后，团队的意愿与效率跟不上；构思了很长时间，但是在实施过程中不见任何成效……

问题是思维的发动机，在团队管理中管理者总是希望下属能够自主发现问题并迎接问题带来的挑战。当下属没有丰富的经验、缺少系统的指导时，就会在问题分析与解决上耗费更多的成本，特别是在处理问题的过程中试错的成本会非常昂贵。

人类认识问题有三个层次：事件层次、行为模式层次和系统结构层次。只有从系统结构层次认识问题才能看到事物变化背后的本质，才能找到问题发生的真正原因，找到根本解决之道，才能真正具有创造力。

从系统结构层次来看思维一般是有序的，从事件层次来看思维一般是无序的。那么，乱中有序的在哪里？序中有乱的又在哪里？

系统结构要有序，事件有可能乱。用序来引导乱，就是按照"事件—

| 解题： 问题分析与解决十二法

模式—结构—心智—系统—愿景"的顺序去思考，这样再乱都不怕。这是一种基于设计的视角，要达到这种视角，头脑中一定要有整体、有系统，立足整体，从整体与部分、整体与环境的相互作用过程来认识和把握整体。

那么，有没有一种在问题分析与解决过程中能够给我们提供快速框架指导的思维结构工具呢？

接下来我们一起了解一下问题管理九宫结构图及其应用。问题管理九宫结构图如图 2-9 所示，它有助于解决复杂问题、制定睿智决策、提高组织能力、激发集体智慧。

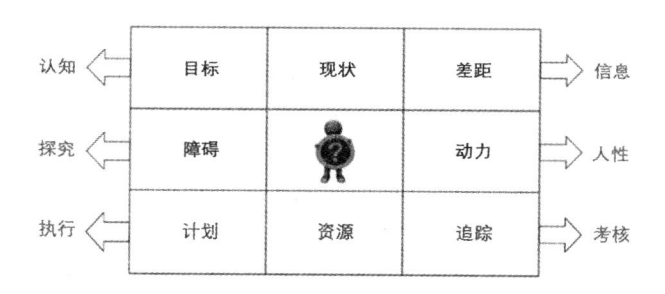

认知	目标	现状	差距	信息
探究	障碍	？	动力	人性
执行	计划	资源	追踪	考核

图 2-9 问题管理九宫结构图

问题管理九宫结构图是一种有助于激发扩散性思维的思考策略。利用一幅九宫结构图，将主题写在中央，然后把由主题所引发的各种想法写在其余空格内，由事物的核心出发，向八个方向去思考，得到八种不同的创见，依循此思维方式扩大其思考范围。

在问题管理的思维结构中，我们将问题置于中心，从三个层面、八个关键词、三个注意事项来具体剖析。

第一个层面是认知层面：人这一辈子始终在为自己的认知买单。

第一个关键词是目标：设定了什么样的目标？这个目标是否合理？有没有在组织中达成共识？

第二个关键词是现状：实际发生了什么？是不是我们想要的呢？为什么会这样？

第三个关键词是差距：目标与现实之间的差距有多大？自己能否客观地看待差距？可不可以将差距具体描述出来？

认知层面需要注意的是，人对事物的认知会受到信息获取的影响，应根据信息的及时性、准确性、真实性进行考量。

第二个层面是探究层面：已知的是什么？未知的是什么？该怎么样梳理？

第一个关键词是障碍：既然要向问题发起挑战，就可能会出现障碍。那么，障碍会在哪里出现？"阵痛"又会是什么？

第二个关键词是动力：对于问题解决会从哪方面有所收获？自己是否有深度的思考与设计？

探究层面需要注意的是，根据人趋利避害的本质，触发人们的竞争意识并设计相关的机制。

第三个层面是执行层面：想都是问题，做才能找到答案，要解决如何落地的问题。

| 解题： 问题分析与解决十二法

第一个关键词是计划：目标的达成需要计划的推进。针对具体的改进措施是否制订了翔实的计划？计划细化到什么程度？

第二个关键词是资源：基于计划的实施，与此相关的资源需求是什么？有什么资源？缺什么资源？是否具备资源整合的条件？怎样获取资源？

第三个关键词是追踪：责任在哪里？权力在哪里？标准在哪里？通过怎样的方式来明确？在执行过程中是否有偏离？这些都是需要追踪的。

执行层面需要注意的是，管理需要考核，考核优化管理。

> **实践练习**
>
> 在团队内部培训、专题会议研讨等管理活动中应用问题管理九宫结构图，使团队成员具备结构化思维。在应用过程中需要注意每一个格子中的关键词能否引导大家形成集体共识，在信息交互的同时收获见解，聚焦问题的解决。除此之外，思考一下还有哪些情景可以使用问题管理九宫结构图。

七、探寻问题的重点突破口

自己之前定的目标实现了吗？

自己当下所做的事情都是围绕目标的实现而展开的吗？

哪些问题是需要重点改进的？

我们不仅要梳理清楚上述这些问题，还要明白在团队管理中如何推进这些问题。从咨询顾问的角度来看，我们在给案主服务时会用到一种叫作"双轮矩阵图"的工具，来帮助案主梳理自身问题。这个工具同样也可以在团队管理中应用，它将有助于跨部门之间的沟通协作，提高工作效率。

双轮矩阵图是目前应用较广的一种工具。为了让更多的伙伴对双轮矩阵图有所了解，接下来将其应用的要点及我们在实际团队管理中应用此工具的探索发现、升华总结与伙伴们分享。双轮矩阵图如图2-10所示。

双轮矩阵图中所表现出来的逻辑关联与其图形色彩所引发的视觉冲

击可以促进左右脑的思维运用。左脑擅长理性分析，如文字、逻辑数字和意识；右脑擅长感性分析，如礼物、图案、颜色、想象、听到的音乐、创造力、潜意识感受的东西。双轮矩阵图对盘点当前的状况、制订未来行动计划，以及想做哪些改善、这些改善落实到时间轴的哪个部分，有较精确的指引。

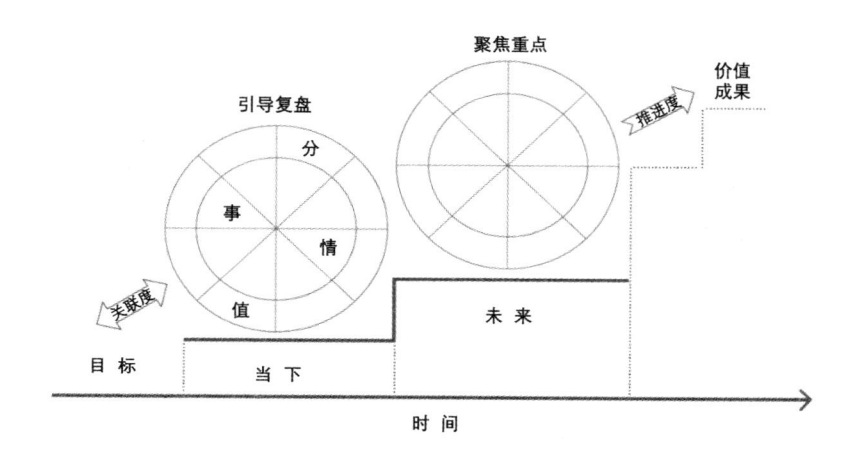

图 2-10 双轮矩阵图

双轮矩阵图的应用要点如下。

① 首先确定要实现的目标是什么，或要达成的价值成果是什么。确定厘清真正的目标，即到底是不是自己真正想要的、是否有必要调整、能否讲清楚。时间周期的定义为周、月、季度。

② 第一个轮，关注当下或者上一个时间周期所做的事情。

尊重事实。记录个人或团队主要做了哪些事情、这些事情有没有围绕目标的实现展开、这些事情和目标之间的关联度如何、这些事情有没有偏离目标本质。

觉察差距。轮中通常划分为八个区域（不少于六个），内圈记录相关事情，外圈记录事情完成情况的评估分值，用彩笔在轮子上打分以示区分。分值记录为 10 分制，一般不打满分，不打满分就可以引发觉察。

激发和鼓励。对于个人、团队内部或者跨部门协作的具体事情，人们需要对当下或者上一个时间周期所做的事情进行复盘，深度讨论与分析哪个区域所填的事情是需要重视的，然后用彩笔涂色，将不同事情之间分值认知的差异凸显出来。

再谈复盘。复盘，围棋术语，也称"复局"，指对局完毕后，复演该盘棋的记录，以检查对局中招法的优劣与得失的关键。复盘一般用以自学，或请高手给予指导分析。复盘包括求真、求实、求学、求内、求道。

这里用《复盘》(陈中，机械工业出版社)一书中的相关内容加以说明。

求真：不是自己骗自己，证明自己对，而是用事实说话，实事求是。

求实：不是流于形式走过场，而是深入分析，挖掘根因。

求学：不是追究责任，开批判会，而是寻求改进，学习提高。

求内：不是强调客观，推卸责任，而是反思心智，剖析自我。

求道：不是简单下结论，刻舟求剑，而是洞悉本质，总结规律。

我觉得复盘本身其实很简单，一件事情做完了，你只要有复盘意识，然后把当初设定的目标和现在的情况进行对比，看看现在的情况是不是按照当初设定的目标进行的，哪些地方没有，为什么没有，无非就是这么做。复盘的方式多种多样，关键要有复盘意识。

③ 第二个轮，引发觉察，强调未来，关注下一个时间周期的行动重点。

持续推进。带着对上一个轮的觉察就会产生新的思考，随着上一个轮中需要继续推进的事情的滚动，思考对此是否有更适合下一个时间周期的认知和定义。

新增重点。思考围绕目标价值的实现，会出现哪些新的事情，怎样认知与定义这些事情，以及应聚焦在哪三个重点上进行突破。对期望分值做一个设定，用彩笔做出标记。同时，注意发现差距，如果差距很大，则需要赋能；如果差距很小，则推进达成。

再度对比。最好将第二个轮的期待和差距与第一个轮进行对比，看看两个轮里有没有漏网之鱼，再整体观察两个轮，看看有没有要补充的内容。

提问引导。在这个过程中会用到强有力的提问，要回顾事实，还要赋能，要让个人或团队觉得有希望、有信心。

在运用双轮矩阵图的过程中参考的提问如下。

A．在双轮矩阵图的研习中，你觉察到什么？

B．你对自己的状态有多满意？

C．你要改变什么？

D．不做出改变是怎样考虑的呢？

E．对工作推进、事情处理的优先顺序是怎样的？

F．有哪些部分是需要立即注意的？

G．采取什么行动会改变这个部分？

H．改变后你的状态会有什么不同？

I．哪些部分太少？

J．改变这些部分会怎样改变你的工作？

K．那些你不太满意的部分中哪个部分是你可以率先突破的？哪个部分是你很少努力、不够重视的？

L．有哪些行动可以实施？

M．你希望的分数和现在的分数的差距在哪里？

N．为改善这样的状况，你做过哪些努力？哪些是有效的？哪些是无效的？

O．怎样做才能改善这个状况？

P．在目前状况下，你会对自己说什么呢？此时此刻，你的感受或者

| **解题：** 问题分析与解决十二法

你的心情是怎样的呢？

  Q. 是什么让你今天没有实现你的目标？

> **实践练习**　在团队管理中，如果让你在上下级对话、跨部门会议、培训辅导时引导团队成员审视目标，对当下的工作进行梳理复盘，对未来的工作进行重点突破，你会怎么做呢？如果将这个工具用在对孩子的教育上，你又会怎样引导孩子呢？

八、提高效率的群策群力

发现问题、分析问题、解决问题，当人们找到了关键点后，就不再满足于单纯的创意和没有结果的行为。当人们还不知道做什么的时候，明确要做什么是关键；当人们知道要做什么后，那么怎么做就是关键。

① 如何对目标达成的过程进行管控？

② 怎样制订翔实的计划或方案？

③ 怎样定义里程碑事件？

④ 各项工作之间的结构关系是否清晰？

⑤ 团队成员如何明白每一个工作节点中自身的职责是什么？

为了让复杂的项目简单化，上述这些便是管理者需要和团队成员共同面对的问题。在拿到一个项目之后，我们应该先思考两个问题。

① 这个项目最终需要交付的成果是什么？

②为了完成这些成果，需要按哪些步骤执行？

换言之，就是将项目分解为一个个模块，以及完成这些模块所需要的路径。当我们将项目不断细分为具体的任务时，就会出现清晰的流程安排与高效的工作进展。

我们需要让问题解决的方案得以落地，这就需要一个管理工具——工作分解结构（Work Breakdown Structure，WBS）。WBS是一个描述思路的规划和设计工具，它可以清晰地表示各项目之间相互联系的结构，详细说明为完成项目所必须完成的各项工作，也可以向高层管理者和客户报告项目完成的情况。在项目经理的圈子里流传着这样一句话：没有WBS，就没有项目管理。由此可见WBS在项目管理中的重要性。那么，WBS具体该怎么理解？又该如何应用呢？

WBS这一概念最初是20世纪60年代初由美国国防部和美国国家航空航天局提出的，从那时起，WBS就成了项目管理中一个关键的组成部分。

WBS是由三个关键元素构成的名词。

① 工作（Work）——可以产生有形结果的任务。

② 分解（Breakdown）——一种逐步细分和分类的层级结构，是指把大项的任务分解为具体的工作，再把每一项工作细分为许多项活动。

③ 结构（Structure）——按照一定的模式组织各个部分。也就是说，无论把一项任务分解成多少项工作、活动，这些工作、活动都应该是结构

分明的，它们之间都存在着一定的内在联系。我们一定要对这种联系了如指掌，只有这样才能高效地完成工作。

WBS 和因数分解是一个原理，就是把一个项目按一定的原则分解，项目分解成任务，任务再分解成一项项工作，再把一项项工作分配到每个人的日常活动中，直到分解不下去为止，即项目→任务→工作→活动。WBS 以可交付成果为导向对项目要素进行分组。它归纳和定义了项目的整个工作范围，每下降一层代表对项目的更详细定义。WBS 大量应用于项目管理中，处于计划过程的中心，也是制订进度计划、资源需求计划、成本预算计划、风险管理计划和采购计划等的重要基础。

WBS 的结构是由逻辑推演而成的，它通过层层的包含关系，比较严谨。结构化是 WBS 的一大重要特性，WBS 的结构错误会直接导致项目在实施过程中出现错误，甚至会造成项目的失败。

在 WBS 分解的过程中需要明确的事项

①分解后的活动结构清晰。

②在逻辑上形成一项大的活动。

③集成所有的关键因素。

④包含临时的里程碑和监控点。

⑤所有活动全部定义清楚。

WBS 常用的三个分解方法

①类比法，即以一个类似项目的 WBS 为基础，构建本项目的 WBS。

②自上而下法，它常常被视为构建 WBS 的常规方法，即从项目最大的单位开始，逐步将它们分解成下一层的多项任务。这个过程就是要不断增加层级，细化各项任务。

③自下而上法，即让项目团队成员从一开始就尽可能确定与项目有关的各项具体任务，在列出详细的任务清单后，对所有的任务进行分类，然后将各项具体任务进行整合，并归纳到一个整体活动或 WBS 的上一层内容中。自下而上法一般很费时，但这种方法对 WBS 的创建来说效果特别好。一般这样的分解方法对项目团队成员的能力水平的要求会更高一些。

WBS 应用的注意事项

①每项任务的状态和完成情况是可以量化的。

②明确定义任务的开始和结束时间。任务面向的是可交付成果，而不是过程。每项任务都有一个可交付成果。

③一项任务只能在 WBS 中出现一次，WBS 中的每一项任务一般设置一个具体负责人。

④工期易于估算且在可接受期限内，容易估算成本。一般定义考虑 80 小时法则或两周法则。

⑤各项任务是独立的、可以被描述的。

⑥ WBS 必须与实际工作中的执行过程一致。

⑦ 应让项目团队成员积极参与创建 WBS，以确保 WBS 的一致性。

⑧ 每个 WBS 项都必须文档化，以确保准确理解已包括和未包括的工作范围。分层要注意控制，层级过多（一般超过 7 层）可考虑外包。

接下来参考一家软件公司的 WBS 示例，如图 2-11 所示。

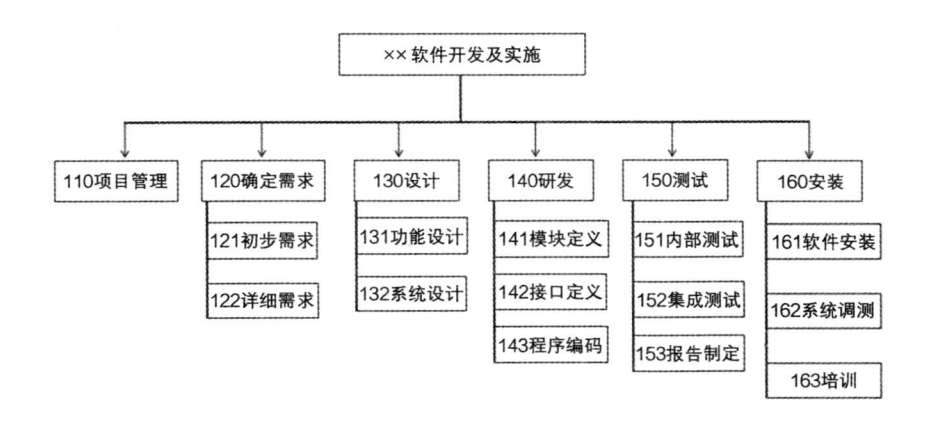

图 2-11　一家软件公司的 WBS 示例

WBS 应用过程中的深度思考

① WBS 是否已分解到足够详细的一层？

② 是否需要进行更精确的 WBS 工作包（每一层级中所产出的工作量）的成本估算和时间进度估算？

③ 某一要素对资源的需求在一段时间内会发生变化吗？

④ 存在衡量 WBS 某一工作包进度的明确的目标标准吗？

⑤ 这些标准在 WBS 的工作包全部完成前确定适用吗？

⑥ WBS 中的一些工作包是否存在一些风险和需要特别注意的地方？

⑦ 项目团队参与进来了吗？他们的创见有效吗？团队职责划分与承诺到位吗？

⑧ 成果交付中的甲方对 WBS 的工作包有正确的理解吗？双方有达成共识吗？

我在网络上收集整理资料时看到过一个有关婚礼筹备的很有意思的 WBS 的工作包，从涉及的情景来看，它应该算是比较有用的。

婚礼筹备之 WBS

1 婚礼筹备计划

   1.1 决定婚礼日期、地点、仪式及婚宴方式

   1.2 确定婚礼预算

   1.3 草拟客人名单

   1.4 召集朋友讨论婚礼计划

   1.5 确定伴郎、伴娘

   1.6 确定主婚人、证婚人

   1.7 成立婚礼筹备组

      1.7.1 召开启动会

第二章 在问题中探索：精进者的工具

1.7.2 撰写婚礼项目主题计划书

1.7.3 明确筹备组分工

2 婚礼前准备

2.1 与婚礼的所有项目干系人沟通

2.1.1 就婚礼筹备计划和进展与父母沟通

2.1.2 发喜帖给亲友

2.1.3 电话通知外地亲友

2.1.4 网上发布结婚通知

2.1.5 再次确认主婚人、证婚人

2.1.6 及时反馈亲友受邀信息

2.1.7 对于重要亲友再次确认

2.2 结婚物品采购

2.2.1 新家布置用品

2.2.1.1 家电、家具

2.2.1.2 床上用品

2.2.1.3 彩色气球

2.2.1.4 彩灯（冷光）

2.2.1.5 纱

2.2.1.6 蜡烛

2.2.1.7 胶布

2.2.1.8 插线板

2.2.1.9 其他物品

2.2.2 婚礼用品采购

 2.2.2.1 新郎新娘婚纱礼服

 2.2.2.2 结婚戒指

 2.2.2.3 新娘化妆品

 2.2.2.4 喜帖、红包、喜字

 2.2.2.5 彩带、拉花等

 2.2.2.6 烟、酒、饮料

 2.2.2.7 糖、花生、瓜子、茶叶等

 2.2.2.8 影像器材

 2.2.2.9 鲜花

 2.2.2.10 蛋糕

 2.2.2.11 水果

2.3 新郎新娘形象准备

 2.3.1 新娘皮肤保养

 2.3.2 新郎剪头发

2.4 拍婚纱照

 2.4.1 挑选婚纱影楼

 2.4.2 预约拍摄日期

 2.4.3 拍照

 2.4.4 选片

2.4.5 冲印或喷绘

2.5 布置新房

 2.5.1 彻底打扫新房

 2.5.2 布置新房

2.6 确定婚礼主持人

2.7 婚宴预约

 2.7.1 估计来宾人数

 2.7.2 估计酒席数量

 2.7.3 选择婚宴地点

 2.7.4 确认酒席菜单、价格

 2.7.5 确认婚宴现场的音响效果

 2.7.6 与酒店协调婚宴布置等细节

 2.7.7 预订酒席

2.8 婚礼化妆预约

 2.8.1 选择化妆地点

 2.8.2 与发型师、化妆师沟通

 2.8.3 确认婚礼当天的造型

 2.8.4 预约化妆具体时间

2.9 婚庆车辆预约

 2.9.1 确定婚车数量

 2.9.2 选定婚车司机

2.9.3 预约扎彩车时间、地点

2.9.4 确定婚礼当天婚车行进路线及所需时间

2.9.5 婚车时间预约

2.10 婚庆摄像预约

2.10.1 确定摄像流程

2.10.2 选定婚礼当天摄像人员

2.10.3 安排摄像分工

2.10.4 准备摄像器材

2.11 其他

2.11.1 调换崭新钞票

2.11.2 确定滚床儿童

2.11.3 为远道而来的亲友准备客房

3 婚礼前一天准备

3.1 与婚礼的所有项目干系人沟通

3.1.1 就婚礼准备工作完成情况与父母沟通

3.1.2 就准备情况和婚礼当天分工与筹备组进行最后沟通

3.1.3 根据准备情况就婚礼当天仪式进程与主持人进行最后沟通

3.1.4 与伴郎伴娘再次沟通

3.1.5 最后确认帮忙的亲友

3.1.6 最后确认婚宴、车辆、摄像、化妆等细节准备情况

3.2 确认婚礼当天发言人的准备情况

3.2.1 主、证婚人发言准备情况

3.2.2 父母代表发言准备情况

3.2.3 来宾代表发言准备情况

3.2.4 抢亲时新娘提问准备

3.2.5 新郎新娘在仪式上或在闹洞房时可能会遇到的问题

3.3 最后确认婚礼当天所有物品准备情况

3.3.1 最后试穿所有礼服

3.3.2 将婚礼当天要穿的所有服装分装口袋

3.3.3 准备假酒

3.3.4 准备婚礼当天新郎新娘的快餐干粮

3.3.5 最后检查所有物品并交于专人保管

3.3.5.1 新娘的新鞋

3.3.5.2 结婚证书

3.3.5.3 戒指

3.3.5.4 红包

3.3.5.5 要佩戴的首饰

3.3.5.6 新娘补妆盒

3.3.5.7 糖、烟、酒、茶、饮料

3.3.5.8 焰火道具

3.4 新郎新娘特别准备

3.4.1 新郎新娘反复熟悉婚礼流程

3.4.2 预演背接新娘动作

3.4.3 预演婚礼进行台步

3.4.4 预演交杯酒动作

3.4.5 放松心情，互相鼓励

3.4.6 注意睡眠，早点休息

3.5 准备闹钟

3.5.1 确认一个正常工作的闹钟

3.5.2 将闹钟调到早起时间

4 婚礼当天流程

4.1 化妆

4.1.1 5:30 起床

4.1.2 7:00 新郎准备好后到达新娘家附近等待

4.1.3 7:45 新娘化妆完成，通知新郎

4.1.4 化妆师、美发师红包

4.2 婚车

4.2.1 6:30 开始扎彩车

4.2.2 7:00 专车送新郎

4.2.3 7:30 彩车完成

4.2.4 7:45 专车送新娘回娘家（8:30 前到达）

4.2.5 9:00 所有婚车到达

4.2.6 司机红包

4.3 抢新娘

4.3.1 8:00 伴郎准备好鲜花、红包

4.3.2 8:30 新娘回到娘家,藏好新鞋

4.3.3 8:40 新郎带领兄弟们开始抢人

4.3.4 8:45 敲门、盘问、塞红包

4.3.5 8:55 新郎找新鞋,向女方家人承诺

4.3.6 9:00 彩带师到位,气球到位

4.3.7 9:05 新郎背新娘出门,放彩带、踩气球

4.3.8 9:10 车队出发

4.4 迎新娘

4.4.1 10:00 车队到达男方家

4.4.2 10:05 新郎抱新娘进门,放彩带、踩气球

4.4.3 10:10 小孩子滚床

4.4.4 10:15 伴娘准备好茶

4.4.5 10:20 新娘给男方父母敬茶

4.4.6 10:40 新郎新娘出发至酒店

4.5 酒店准备

4.5.1 10:00 将糖、烟、酒、茶、饮料等带至酒店

4.5.2 10:10 最后检查酒席安排、音响、签到处等细节

4.5.3 10:30 准备好新郎新娘迎宾香烟、糖

4.5.4 10:45 彩带师到酒店门口准备

4.6 酒店迎宾

  4.6.1 10:50 新郎新娘到酒店，放彩带

  4.6.2 11:00 签到处人员就位

  4.6.3 11:00 引导人员门口就位

  4.6.4 11:00 新郎新娘、伴郎伴娘门口迎宾

4.7 婚礼仪式

  4.7.1 12:15 主持人准备

  4.7.2 12:15 音响准备

  4.7.3 12:15 结婚证书、戒指准备

  4.7.4 12:15 气球、彩带到位

  4.7.5 12:20 奏乐，新人入场，放彩带、踩气球

   4.7.5.1 主持人自我介绍

   4.7.5.2 主婚人致辞

   4.7.5.3 证婚人宣读结婚证书

   4.7.5.4 新人父母上台

   4.7.5.5 新郎新娘交换戒指，三鞠躬

   4.7.5.6 新人给父母敬茶

   4.7.5.7 双方父母代表讲话

   4.7.5.8 双方父母退场

   4.7.5.9 双方领导致辞

   4.7.5.10 双方朋友讲话

4.7.5.11 双方朋友退场

4.7.5.12 新人开香槟、切蛋糕、喝交杯酒

4.7.5.13 游戏

4.7.6 13:00 婚宴正式开始

4.7.7 13:00 新郎新娘退场、速食,新娘换礼服

4.7.8 13:15 新郎新娘逐桌敬酒

4.7.9 14:00 宴席结束,宾客与新人合影

4.8 下午休息

4.8.1 14:00 宾客离开或到棋牌室娱乐

4.8.2 14:30 新郎新娘进餐、休息

4.8.3 15:00 清点所剩烟、酒、糖等

4.8.4 15:30 统计晚餐人数

4.9 晚餐

4.9.1 17:00 通知酒店晚餐准备数量

4.9.2 18:00 请宾客进晚餐

4.9.3 20:00 清点所有物品,离开酒店

4.10 闹洞房

4.10.1 21:00 开始闹洞房

4.10.1.1 女方藏结婚证

4.10.1.2 新郎找结婚证

4.10.1.3 其他节目自由发挥

> 解题： 问题分析与解决十二法

4.10.2 22:30 宾客离开

4.11 摄像

4.11.1 摄像 A 从新娘化妆开始全程拍摄新娘

4.11.2 摄像 B 从新郎抢亲开始全程拍摄新郎

4.11.3 摄像 C 拍摄婚礼仪式全过程

4.11.4 摄像人员适时拍摄

4.11.5 摄像人员红包

5 婚礼项目结束

实践练习

结合双轮矩阵图中明确的重点，引导团队成员用 WBS 工具尝试将项目分解成具体的任务，看看目标是否越来越清晰，对团队成员而言是否有了更翔实的任务。在团队中推广这个工具，以提高执行与协作的效率。

九、教练式的绩效辅导

这个问题你怎么看

领导安排秘书通知销售经理下午 4 点参加会议,秘书在公司内部群里发了通知,但开会时仍然有几位销售经理没有来,于是领导问秘书,秘书说:"我给他们发通知了,但不知道他们为什么没来。"后来才知道,有的销售经理出去拜访客户还没回来,有的销售经理把开会的事情忘了……最后人员不齐,会议改期了。

在这件事中,什么是任务?什么是结果?通知所有参会人员到会,秘书也来参加会议为大家提供服务,这是任务。但我们想要的结果是什么呢?下面是不同段位的秘书的做法。

一段秘书的做法:发通知——用电子邮件或在黑板上发通知,然后准备相关会议用品并参加会议。

| 解题： 问题分析与解决十二法

二段秘书的做法：抓落实——发完通知后，再打一遍电话与参会人员确认，确保每个人被及时通知到。

三段秘书的做法：重检查——发通知，落实到人后，第二天在会前30分钟提醒参会人员参会，确定有没有变动，对临时有急事不能参加会议的人，立即汇报给领导，保证领导在会前知悉缺席情况，也给领导决定缺席的人是否必须参加会议留下思考的时间。

四段秘书的做法：勤准备——发通知，落实到人，会前通知后，测试可能用到的投影、电脑等工具是否工作正常，并在会议室门口贴上小条：此会议室明天几点到几点有会议。

五段秘书的做法：细准备——发通知，落实到人，会前通知，测试了设备后，还应先了解这个会议的性质和议题是什么，然后给参会人员发送与会议相关的资料，供他们参考。

六段秘书的做法：做记录——发通知，落实到人，会前通知，测试了设备，也提供了会议相关资料后，还应在会议过程中详细做好会议记录（在得到允许的情况下，做一个录音备份）。

七段秘书的做法：发记录——会后整理好会议记录（录音）给领导，然后请示领导是否需要发给参会人员或者其他人员。

八段秘书的做法：定责任——将会议上确定的各项任务一对一地落实到相关责任人，经当事人确认后，形成书面备忘录，并交给领导与当事人一人一份，之后定期跟踪各项任务的完成情况，并及时汇报给领导。

九段秘书的做法：做流程——把上述过程做成标准的会议流程，让任何一个秘书都可以根据这个流程，把会议服务的结果做到最好，形成不依赖于任何人的会议服务体系。

对结果的追求程度不同，秘书的工作内容也发生了很大的变化。在工作中，很多管理者都会对员工说："我不看你的过程，请拿结果说话。"上面这个案例也是很多管理者在给员工培训执行力时所讲到的案例。作为员工能确保工作执行到位，这肯定是管理者希望看到的；作为管理者能更准确地指导员工的工作，这也是员工希望管理者能做到的。

其实，这样的事情需要辩证来看。

① 管理者要求员工能够胜任工作，这是无可厚非的。

② 管理者是否把对结果的实现都依托在员工个人的能力状态上了？

③ 管理者对于保障结果实现的员工的能力状态有过检验吗？

④ 公司过去有相关的流程标准支撑吗？

⑤ 管理者是否传达到位并确保员工应知应会了？

⑥ 管理者自身有为此做过什么指导吗？

上述提炼的六点是管理者需要思考的。很多时候，管理者需要反思一下自己是否在用衡量"老司机"的标准来要求"小白"。管理者需要为员

| 解题： 问题分析与解决十二法

工提供支撑的是，怎样引导其树立正确的三观，为其赋能，完善其品行，明确标准、及时指导，让员工不断成长，这就是管理者对员工的一种关爱。

问题改进的绩效辅导与六步绩效追踪表的应用

绩效，能者上，败者退，这是公平的舞台。"绩"是指业绩，即工作结果；"效"是指效率，即工作过程。绩效是指员工在一定环境与条件下完成某一任务所表现出的工作行为和所取得的工作结果。绩效体现了员工履行工作职责的程度，也反映了员工能力与其职位要求的匹配程度。

管理者需要让员工"针对问题拿出解决方案"，研究"如何做"而不是"为什么这么对我"。绩效辅导需要管理者与员工共同跟踪工作结果，通过持续不断的沟通，努力发现问题、解决问题，实现或超越制定的绩效目标。管理者是绩效实施的主体，是绩效改善和提高的推动者，而不仅仅是员工业绩和能力的评定者。绩效诊断最差的结果就是首先从个人因素方面追究绩效差的根由，因此在绩效考核的过程中，管理者要持续不断地对员工进行绩效辅导。

这里所讲的问题改进的绩效不等同于人力资源管理的绩效。从问题改进的角度来看，我们需要推进的重点是事务层面的问题，而非对人的求全责备。这里我们也通过简单的问题改进六步绩效追踪表的应用来对事务本身及员工状态进行更好的绩效辅导，如表 2-1 所示。

表 2-1 问题改进六步绩效追踪表

改进问题的名称	关键行动措施	关键结果量化描述	改进问题的相关责任人	改进问题的时间节点	有关奖惩

问题改进六步绩效追踪表的设计原理

① 目标明显。

② 有挑战性并可达成。

③ 很快能有回馈。

问题改进六步绩效追踪表的应用原则

① 复杂的事情简单化。

② 简单的事情流程化。

③ 流程的事情标准化。

④ 标准的事情检查化。

⑤ 检查的事情结果化。

管理者的思考

管理者应尽可能地激发员工改进的意愿,员工可能因畏惧失败而不敢尝试改变,这时需要由管理者去协助他们,帮助他们增强信心。此外,管

| 解题： 问题分析与解决十二法

理者应做好相关支持工作，让员工知道自己要做什么及如何做。需要注意的是，管理者应从易出成效的方面开始改进，因为立竿见影的经验可使员工获得成就感，也有助于员工进行其他方面的改进。以所用的时间、精力和金钱而言，应选择最合适的方面进行改进。

问题改进的绩效辅导

①有关目标的问题如下。

A．今天主要想谈些什么事？

B．你希望谈出什么样的结果？

C．我们应该如何确定目标？你怎么看？

D．目标是积极、有挑战性且可达成的吗？

E．你会如何衡量目标？

F．你想何时达到目标？

G．你对目标的自我控制力有多大？

H．这个过程有什么样的里程碑？

②有关现状的问题如下。

A．现在情况怎样？发生了什么？

B．为解决问题，你采取了哪些措施？

C．结果如何？

D．请举例证明你的判断、想法。

E．还有谁也涉及了？

F．你如何评价现状？你会打多少分？

③有关方案的问题如下。

A．我们该怎么解决这个问题？

B．有什么选择吗？更多的选择是哪些？

C．你觉得别人会怎么做？

D．我提一个建议好吗？

E．我以前见过别人在这种情况下……，你觉得对你有启发吗？

F．还有谁能帮忙？

④有关意见的问题如下。

A．接下来你打算怎么办？

B．在这些方法中，你倾向于哪一种？

C．你打算什么时候开始？什么时候做完？

D．你还需要谁的帮助？

> **解题：** 问题分析与解决十二法

E. 你觉得可能会有什么样的困难和阻力？你打算如何面对？

F. 我们之间需要如何沟通跟进？

实践练习　在本节的学习中，管理者需要针对实际需要改进的具体事项对员工进行绩效辅导。通过运用问题改进六步绩效追踪表，开展对员工的考核，引导员工形成公众承诺，检验其工作结果，看其工作过程中有哪些方面是需要加强的。管理者应在工作中刻意练习绩效辅导中有关目标、现状、方案、意见的引导术语，这样能够有效避免与员工产生矛盾。

十、自我赋能与笃定前行

平凡而笃定

自己听过很多道理,为什么依旧过不好这一生?对于这个问题,很多人在现实生活中曾不止一次地问过自己。内心深处的比较,经常让人们陷入自我焦虑与恐慌中,举步不前、患得患失、缺乏勇气,从而导致一些人无法正视自己,产生了逃避的心理,甚至开始怀疑和否定自己。

要知道,有些路可能注定没有人与你结伴而行。我们总是被人告知要取得成功,却鲜少有人告诉我们怎样接受失败,接受平凡的真实人生。

有时工作中会遇到很多不顺利的事,我们认为胜券在握,却没想到事与愿违;有时想要完成的事情,却迟迟没有完成,这可能会让我们觉得厌烦,甚至厌烦工作本身。几乎每个人都有阶段性迷茫的时候,在遇到难事

> 解题：问题分析与解决十二法

时有逃避退缩的时候，有曾经认为跨不过去的坎。如果在这段时期中，我们无法意识到自己心有逃避，无法让自己从内在焦灼的状态中尽快突破出来，那么我们可能会为后续一系列的问题买单。

"知人者智，自知者明。胜人者有力，胜己者强。知足者富，强行者有志。不失其所者久，死而不亡者寿。"这句话出自老子的《道德经》，"知己者明"，就是说能清醒地认识自己、对待自己，这才是最聪明的、最难能可贵的。时间不会等我们，我们需要以一种主动的状态来唤醒自己。

这个世界上有很多人都会平凡地度过一生，并没有像小时候立志的那样成为科学家、宇航员、企业家、明星……我们只是作为一个普通人生活着，接纳自己的平凡也可以笃定前行。未来是充满不确定的，我们无法洞见未来，更不知道自己现在做的事情是否就是当下最好的选择。如果说人生上半场各种欲望的追逐，是人生的加法，那么下半场就要学会给自己做减法了。脱离不属于自己的圈子，舍弃想要而得不到的执念，在自己该有的位置上做好能做好的事情，就是最大的满足。人生下半场，最好的心情是心定，最好的状态是波澜不惊。做一个安静的智者，冷眼热肠看世事，深思熟虑理问题，我们需要足够的气魄。

自我赋能正念引导罗盘

2018年，公司成立10周年，周年庆活动过后，我将公司运营工作交给了伙伴，自己潜心于其他事务。阶段性目标的实现与新目标设定的缺失，那种感觉让我内心彷徨。生日那天，我去体验了一次"死亡关怀"（一个项目情景模拟的体验活动），穿过人性与环境的幽暗，面对死亡，迎接重生。从那以后，我对于生命有了更多内在的思考。

2019年春天，我驾驶汽车在出差返程的途中突发事故，汽车被撞报废，好在汽车安全系数较高，我捡回了一条命。在疗养期间，我的生活一度无法自理，完全依靠家人与朋友的照料。从那之后，身体上的创伤加上心理上的思考，让我在面对人生时更加笃定。

人们总是寻求遇见更好的自己，但又有可能无法面对真实的自己，甚至很长一段时间会被镜像效应所困扰。有些人总是生活在自我构筑的"诗和远方"之中，在面对困难时，他总是想方设法地逃避，不切实际地将生活的美好寄希望于远方和未来。

《这个世界会好吗？》一书里写道，人类面临三大问题，顺序错不得：先要解决人和物之间的问题，再要解决人和人之间的问题，最后一定要解决人和自己内心之间的问题。一个人懂得自我赋能、形成正念，将焦虑转化为动力，这很重要。

赋能，顾名思义赋予能力或能量，它最早出现在积极心理学中，旨在通过言行、态度、环境的改变给予他人正能量，以最大限度地发挥个人才智和潜能。赋能是双向的，它包括自我赋能和赋能给他人。

什么时候需要自我赋能？自我状态不好时就是需要自我赋能的时候吗？发现他人状态不对时，就一定可以赋能给他人吗？

《论语》中有句话："不愤不启，不悱不发。"意思是不到他努力想弄

| 解题：问题分析与解决十二法

明白而得不到的程度不要去开导他，不到他心里明白却不能完整表达出来的程度不要去启发他。

也许我们正被困在一个看似走投无路的境地，也许我们正囿于一种两难选择之间，这时一定要明白，遇到这种困境可能只是因为我们的定势思维太过固执，只有勇于重新考虑，才能找到跳出困境的出路。

我们要做的是寻找本质的冲突点在哪里，基于自我认知的逻辑层次：资源—行动—能力—信念—身份—愿景，厘清我们在面对问题时的身份状态：构想者、实干者、主导者、参与者、批判者、观察者……

接下来分享一个简单易用的工具——自我赋能正念引导罗盘，如图2-12所示。

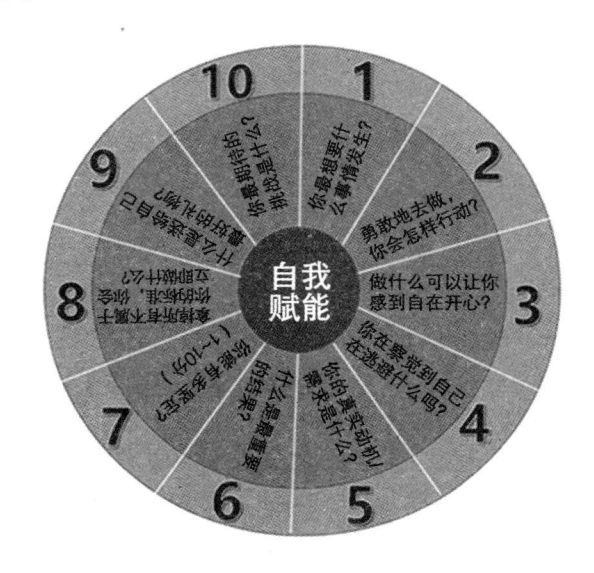

图2-12 自我赋能正念引导罗盘

自我赋能正念引导罗盘的作用

① 第一层觉察是自我接纳。

② 第二层觉察是自我负责。

③ 第三层觉察是自我超越。

自我赋能正念引导罗盘应用的五个要点

① 问自己 10 个问题，真实地与自己对话。

② 完成后将其制作成挂图，贴于醒目处，和自己建立心理契约。

③ 合理预期哪些已做到，是否面对真实的自己。

④ 注意不确定因素是否有所增加、需不需要调整，时刻注意正念的形成。

⑤ 应用自如后，可以尝试以中立者的身份（不直接给答案，不直接介入问题）给他人赋能。

> **实践练习**　用自我赋能正念引导罗盘和自己对话，给自己一个突破的机会。在应用的过程中注意自己会有怎样的觉察，是否能感受到自身内在的能量。

| 解题：问题分析与解决十二法

十一、重新审视决策的力量

决策无处不在

决策能力是一项技能，它可以通过学习和训练掌握并不断提高。决策风险控制并不能完全依靠个人经验，而应该通过一套完整的方法论加以管理，使经营管理层面中的大量不确定因素变得相对确定，更重要的是使经营管理层面中的计划与执行能够更加完善与全面，为各种可能的情况制订应急计划。同时，管理团队的风险意识在很大程度上会影响经营管理层面中的计划与执行，因此决策风险控制对管理者来说是一项非常重要的管理能力。

决策的层次

① 战略决策，是指关系企业或组织未来发展方向与愿景的全局性、长远性的施政方针方面的决策。

② 管理决策，是指执行战略决策过程中的具体战术决策。其重点是解决如何组织内部资源的具体问题。

③ 业务决策，是指在日常业务活动中，为提高工作效率与生产效率、合理组织业务活动进程而做出的决策。

组织管理中的决策现状

在企业或组织发展过程中，管理者会在手段和结果之间关系不明朗的情况下，或在存在诸多不确定因素的环境中，或在面对重大、复杂，且具有感情色彩的问题时做出决策。因此，在决策制定和实施的过程中需要调动更多的人参与，需要取得更高程度的协作。

未来管理者将面对的挑战

未来可能会出现没有人拥有做出所有重大决策所需的信息，或者没有人有足够的时间和威信说服更多的人去实施其决策的情况；还有可能会出现，更少地依赖大量客观数据作为决策的基础、缺乏强有力的管理者来指导决策过程、未在试错和渐进过程中逐渐形成决策的情况。

管理者应注意的三点

① 并非只有组织高层才能做出决策，决策不一定总会导致积极行动。

② 不能单纯地认为改善企业或组织的决策机制，只要提高管理者的决策能力就可以了。

③ 决策渗透于管理的所有职能中，决策能力也可以赢得信任与尊重。

要把决策的责任看得更重一些，这是每个管理团队都得深入思考的事情。同时，管理团队还应认识到，只有付出足够多的决策成本，才能降低未来的执行成本和纠错成本。不管企业多大、多安稳，一项决策的破坏力都是巨大的。

决策的三种类型

① 确定型决策，是指在决策时，所需要的各种信息资料在完全掌握的情况下所做出的决策。

② 不确定型决策，是指在决策时所需的各种信息资料无法加以具体掌握，而客观形势要求必须做出决定的决策。

③ 风险型决策，是指在决策时只掌握了部分决策必需的信息资料，介于确定型决策与不确定型决策之间的一种决策。

决策的四个性质

① 规范性决策：在管理活动中重复出现的、例行的决策，可参考先例、规则、政策。

② 非规范性决策：在管理活动中首次出现的或偶然出现的非重复性决策，无从参考。

③ 定量决策：决策目标和决策变量等可以用数量来表示的决策，需

要用到数据、模型的情况。

④ 定性决策：决策目标和决策变量等不能用数量来表示的决策，需要用到经验、逻辑、直觉的情况。

此外，在决策过程中还有一些情况需要管理者凭借直觉来做出决策：存在高不确定性时；极少有先例存在时；变化难以科学预测时；分析性数据用途不大时；对事实的了解有限，不足以指明情况时；时间有限，并且存在提出正确决策的压力时；需要从几个可行方案中选择一个，而每个方案的评价都较好时等。

个人决策与团队决策的优缺点

个人决策，又称权威决策，是指在选定最后决策方案时，由最高领导最后做出决定的一种决策形式。其优点是决策迅速、责任明确，而且能发挥领导个人的主观能动性。其缺点是受领导自身的性格、学识、能力、经验、魄力等的制约，一旦事情变得复杂，个人决策的质量会由于个人考虑不周而受到影响。

团队决策，又称共识决策，是指由两个或者两个以上的人组成的决策集体最后做出决定的一种决策形式。其优点是随着信息量不断增加、知识不断增长，团队成员在执行决策时更愿意接受。团队决策引导团队成员达成共识，分散责任，但受团队整体状态的影响，达成共识需要很长时间，具有很大的挑战性。

| 解题： 问题分析与解决十二法

决策的选择与反馈

选择的维度，即决策以何种标准为前提，合理性标准还是经济性标准。正与负效果的选择是第一层；效果与风险的选择是第二层；即便前两层有所确定，也要思考是否需要留有余地，这是第三层。

反馈的思考，即思考需不需要采取一些措施来追踪决策，什么情况下需要修正原决策或采取措施纠正偏差，原决策出现失误时又会如何应对。

组织发展需要管理者不断完善企业决策系统，如想要实现组织结构扁平化可以给关键岗位员工授权，让他们自己做决策。管理者也需要设计决策权力与责任的对等，保证决策程序制度化、决策内容全面化，如果有必要还应设置决策委员会对组织发展的重大决策进行管控。

我们希望团队有竞争力、甘冒风险、适应变革、敢于决策、敢于承担责任、齐心协力，团队成员能够心胸开阔、信任人，同时取信于人、尊重他人，注意整理信息、知识，根据表现评价他人，并接受他人的评价。

选好决策人，授权要充分；大错若不犯，小错容三分；

决策到现场，纸上兵不论；机制早建立，防止一人昏；

程序要严格，审批止三旬；信息系统强，一手须认真；

量体好裁衣，资源必先问；行动细安排，进退有分寸。

第二章 在问题中探索：精进者的工具

远见决策力模型及其应用

一项决策正确与否，最好放在一个较长的时间段里来考量，不要轻易肯定或否定某项决策，拐大弯时必须缓行，要变革就要有耐心，能够接受阶段性的衰退，准备付出你能承受的成本，还要重新训练团队。

一个人始终是要为自己和周围的一切负责的，有些事情未经深思熟虑，就不能做出草率的决定。一般来讲，一个人的知识、经验决定了他能看见什么。一个固执的人，他永远会用那个已经存储在他头脑里的旧观点、旧经验来解释当下甚至未来所有的事情，这就是我们常说的经验主义和惯性思维。

在做决策时，我们还要努力摒除自身情绪的干扰，一念之差可能就是两个不一样的结果。《孙子兵法》有云："主不可以怒而兴师，将不可以愠而攻战；合于利而动，不合于利而止。"意思是国君不可因愤怒而发动战争，将帅不可因气愤而出阵求战，对国家有利才用兵，对国家不利就要停止战争。

人情绪化的本能和过分情绪化的世界观，会导致人过分依赖直觉、受限于个人视野、偏离事实而不自知。我们需要理性的思考，以帮助我们建立一种"实事求是的世界观"，让自己的判断更接近真相。

在工作中，更值得引起警示的是，情绪化的群体立场会威胁理性决策，这会让很多管理者感到棘手。

| 解题：问题分析与解决十二法

很多事情是没有"早知道"的，在遇到一些自己认为重要的事情时，我们需要理性的思考，以降低决策成本。为了让更多的伙伴提高决策能力，下面我们将分享远见决策力模型及其应用，如图2-13所示。

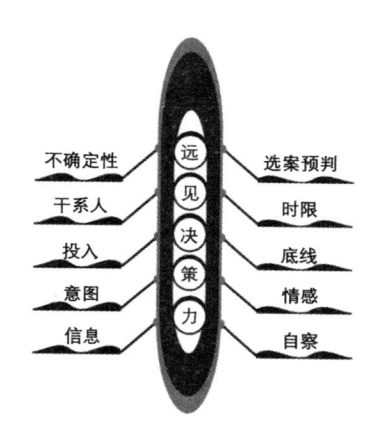

图2-13 远见决策力模型

远见决策力模型的关键要点如下。

① 信息：什么样的信息会被我们关注和留意？很多时候，我们并不完全知道信息会给我们带来什么。

② 自察：察觉到信息和自己有什么关联？需不需要进行深度的分析？这会让我们形成基础的利弊概念。

③ 意图：一般通过分析，会萌生出一些对信息或事件的基本构想，即我们真实的意图是什么。

④ 情感：人是感情动物，抛不开"七情六欲"。在分析过程中会不会

出现情感因素的思量？情感或情绪会不会掩盖真实的意图？

⑤ 投入：面对已知的信息或事件，产生一个基本的认知。时间、精力及各类资源的投入会是一个怎样的状态？

⑥ 底线：包括投入——要求回报、投入——不求回报、投入——造成损失三种。自己是否会有底线思维？需不需要设置一个底线值？

⑦ 干系人：事物发展还会涉及哪些干系人？而这些人又需要我们注意什么？他们存在什么样的影响？

⑧ 时限：决策存在怎样的时限？需不需要明确公示？允不允许超出时限？超出了应怎么处理？

⑨ 不确定性：在事物发展过程中极有可能出现一些不确定的变化，应进行一些预见性的考虑，对决策进行风险评估。

⑩ 选案预判：基于对事物的深度了解，内心会有一个基本的判断，即在面对多种选择时自己会出现怎样的选择倾向。

> **实践练习**
>
> 以后不要用抛硬币的方式来做决策了，遇到一些自认为重要的事情可以运用远见决策力模型做一些分析功课，提高自身的科学决策力。在团队中，不妨和团队成员组织一次专题会议或一个工作坊来进行深度的交流，来一次集体的提升。

| 解题： 问题分析与解决十二法

十二、在组织变革中的蜕变

　　达尔文说过，能够生存下来的，既不是最健壮的，也不是最聪明的，而是最能够适应变化的物种。变革会使已知的东西变得模糊不清和不确定，但在变革过程中除困难和挑战外，同时还会产生很多的机会。从宏观层面上讲，变革调整了不适应企业发展的相关因素，促进了企业整体竞争力的提高；从微观层面上讲，变革带来了组织结构的变化、人员分工的变化，使企业资源的配置趋于合理。

　　企业在组织变革时期，员工起初可能是痛苦的，但要主动调整心理状态与行为方式，做最能适应变化和应对问题的人，只有这样才能和企业共迎变革后的重生。然而，在实际推动组织变革时，企业中部分员工因循守旧，对新生事物充满恐惧，为自己适应新的工作充满担忧，这种担忧体现在对自己利益变化的焦虑，还体现在对自身能否胜任工作的顾虑。甚至有人会煽动，企业的变革所带来的结果会比维持现有模式所带来的结果更加糟糕。他们怒气冲天、唉声叹气，成为企业推动变革的绊脚石，以负面的态度面对变革，甚至产生抵制行为，让变革之路荆棘遍布。

变革初期在"变革曲线"上反映为一段"低潮期"。在这段时期，由于员工都在猜测企业未来的走向和个人的位置，士气会受到极大影响，从而导致工作效率低下。员工会关注和扩大变革对他们的负面影响，会为自我辩白，认为自己的抵制行为是自然而然的。当员工的内心充满惶恐时，他们的心理会经历五个调适阶段。

第一阶段：否定

在这个阶段，员工会否定变革的发生，对变革视而不见，将自己置于整个变革的进程之外。其标志行为是借口性的缺席，过分忙于日常工作，日益孤立和拖拉延误。

第二阶段：愤怒

在这个阶段，员工会对自己所经历的一切进行攻击，要求按照以往的方式工作，同时谴责"一切都和以前不一样了"。其标志行为是容易发怒，策划蓄意破坏的行为，对抗变革和急于求成。

第三阶段：博弈

在这个阶段，员工会针对变革提出自己的建议和要求，希望能够继续为自己争取原有的利益。其标志行为是试图达成一致、试图互惠互利。

第四阶段：忧郁

在这个阶段，员工会意识到管理者虽然会听取他们的要求，但是不会全盘答应，面对新秩序的必然到来和旧秩序的不可挽回，他们感到心情沉重和沮丧。其标志行为是少言寡语，漠不关心，不完成工作，无精打采和郁郁寡欢。

第五阶段：转化

在这个阶段，员工会意识到变革确实正在使企业"向着最好的方向"发展，他们开始抛弃以往的工作方式及在变革早期经历的痛苦、迷茫和恐惧。其标志行为是小心谨慎地进行变革，恢复正常的氛围。

一般企业在组织变革时期遇到的问题会更多、更棘手。在组织变革的关键时期，我们可以接纳良性的冲突和变革时期的振荡，但最终还是需要管理者引导员工加快调整，促使员工以更好的状态进入角色，适应变革、推动变革。

在组织变革时期，我们可以从多维度来审视变革带来的变化及员工的表现，同时将变革的效力放在一个更长远的时间维度来衡量其变革的决策。接下来我们用组织变革内省力驱动模型来让伙伴们有一个更全面的认识，如图 2-14 所示。

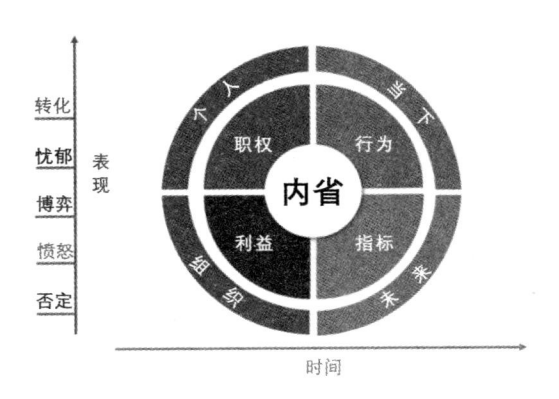

图 2-14 组织变革内省力驱动模型

一个核心：内省

曾子曰："吾日三省吾身：为人谋而不忠乎？与朋友交而不信乎？传不习乎？"

笛卡儿说过，自我反思是一切思想的源头，人是在思考自己而不是在思考他人的过程中产生了智慧。

自信者善自省，回避不是解决问题的办法，如果把自身的短板"搁置"起来，未来处理问题的成本还会很高。虽说人无完人，但还是要了解一下以下四个方面的短板，以及所要面对的弥补的难度系数。

① 知识经验方面的短板：弥补的难度系数☆☆☆

② 性格思维方面的短板：弥补的难度系数☆☆☆☆☆

③ 行为习惯方面的短板：弥补的难度系数☆☆☆

④ 可用资源方面的短板：弥补的难度系数☆☆☆☆

上述四个方面是从个人的角度来发现自身短板，并主动做出调整的。接下来再从经营管理的角度来思考组织发展中的不足。

这里引用华为公司任正非先生的一段话，启发领导者向内要求，组织开展团队内部的自我反省。

2000年9月，华为研发系统在深圳市体育馆举办了一场"呆死料"大会。通过一个"隆重"的仪式，任正非把由于工作不认真、测试不严格、盲目创新造成的大量废料，以及研发、工程技术人员因此奔赴现场"救火"的往返机票成箱成盒地包装成特殊的奖品，发给相关产品的负责人。

任正非在大会上说："华为还是一个年轻的公司，尽管充满了活力和激情，但也充满了幼稚和自傲，我们的管理还不规范。只有不断地自我批判，才能使我们尽快成熟起来。我们不是为批判而批判，不是为全面否定而批判，而是为优化和建设而批判，总的目标是要导向公司整体核心竞争力的提升。"

两个层面

两个层面中涉及的关键点互为关联。

① 变化与平衡：在模型中内省的外圈，有职权、行为、利益、指标四个关键点。在这个层面，需要思考组织变革在这几个关键点中出现了什么样的变化，变化触发了员工什么样的反应，原有的平衡被打破，新的平

衡又会怎样形成等问题。

② 挑战与刺激：在上述四个关键点的外圈，还对应着个人、当下、组织、未来四个关键点。在这个层面，需要思考组织变革必须面对的挑战，以及该怎样刺激员工更快地进入角色以迎接挑战等问题。

三个关注

① 关注表现轴中的对应状态。在组织变革中员工会有不同的表现，管理者应及时觉察到员工的表现，并通过内省力驱动让员工进行有效的调整。

② 关注时间轴中的时间成本。在组织变革中，如果在相当长的一段时期内，员工依然因为变革带来的变化而找不到新的平衡点，在挑战刺激没有成效的情况下，变革失败的风险会上升。

③ 关注管理者引领变革的能力提升。管理者的人格魅力与领导艺术也可以为组织变革带来一定的支持与加分，因此管理者必须勇于为变革承担责任。此外，员工的积极参与也是变革的动力。

> **实践练习**
>
> 如果你所在的企业正处于组织变革时期，不妨用组织变革内省力驱动模型和团队成员一起做一次内部的工作坊，引导团队成员强化变革意愿，积极调整变革行为。在这个过程中做好分析记录工作，形成公众承诺，注意觉察从中收获了什么。

CHAPTER 3

第三章

问题就是课题：智者的应对

如果是你，

你能发现什么？

你会怎样应对？

什么又是"最好"的方法呢？

一、新晋基层管理者的苦恼

某化工生产企业为了加强现场管理和安全生产工作，增设了"现场管理监察班"。经过企业内部推选，企业安环办职员小王被任命为监察班班长。小王班长上任后干劲十足，不负领导期望，只要发现违反现场管理和安全生产规范的人和事，均铁面无私，严格处理。

两个月后，小王班长找领导汇报工作，表示不想再担任现场管理监察班班长一职，希望领导批准。领导了解清楚情况后发现，小王班长一直严格要求，导致一些员工对他的态度发生了变化。在执行企业制度时，小王班长和少数员工产生了冲突，员工小吴和他发生了激烈争吵，而员工小陈甚至和他产生了肢体冲突，前两天他下班后准备骑摩托车回家，结果发现车胎被刺破了。

小王班长汇报完情况后表示确实不想干了。领导为了安抚小王班长，当天就批评了与小王班长发生过冲突的人，但情况好像并未好转，令小王

| 解题： 问题分析与解决十二法

班长难堪的事还是时有发生。小王班长感觉很苦恼，却又不知道该怎么办，所以他打算这周末再找领导谈谈。

　　问题：在这个案例中你发现了什么问题？如果你是小王，你会怎么做？如果你是领导，你又会怎么做？

　　分析：_____

_____

_____

　　对策：_____

_____

_____

二、多项目协同管理的烦恼

宋经理是一家会务会展服务公司的执行经理,公司领导近期拓展了一些业务关系,发现公司在短期内有很多项目需要跟进。公司现有员工已经连续加班一个月,甚至还有几天是通宵作战。

一边是甲方的需求出现调整与变化,出现原本没有预见的问题,同时很多项目本来就处于薄利的运转状态,这样一来让公司管理的安排、资源的调度一直处于紧张的状态。

另一边是领导的督促与高压,多项目同时开展,在人手不够、能力不足的情况下,员工以时间换空间的方式持续加班。执行工作被否定、甲方态度傲慢,导致员工怨声载道,出现了内部的情绪化作业。

这对一家成立不到三年的公司来说充满了挑战。宋经理作为执行部的负责人,在多个项目中奔走,近期感觉压力倍增,因为工作的问题还引发了家庭的矛盾。宋经理觉得自己在管理上有些力不从心,于是找领导沟通。

| 解题： 问题分析与解决十二法

她的想法是可以再增加一些人手，希望领导能够和甲方多一些交涉，减少员工的一些无效工作。领导给宋经理的回复是，可以给她配一名助理来分担一些事务性工作，甲方那边也会尽量沟通，让她抗住压力，压力就是动力。

问题：在这个案例中你发现了什么问题？如果你是宋经理，你会怎么做？如果你是领导，你又会怎么做？

分析：_____

_____

_____

对策：_____

_____

_____

三、空降总监该如何治乱

何总应聘到某商业集团工作，集团人力资源部安排何总到集团旗下的一家商业中心工作，出任该商业中心的营运总监。何总接手工作时间不长，很多情况还不太了解，在积极投入工作两个月后，他感觉自己要面对的问题真不少。

眼下最让何总头疼的事情是，自己手下有两位经理，对他这个新任总监的工作不是太支持，感觉他们对自己的管理有所排斥，甚至发现他们有背后拆他台的行为。这两位经理都属于资历较深、个性突出的人，很多工作短期内还必须靠他们去落实。

何总觉得自己这个管理班子的协作很不理想，深度了解之后，他才知道在自己没来之前，这两位经理都想竞争总监岗位。原本这两位经理还暗自较劲，争取机会，没想到最后集团空降了一位总监过来，他们的希望都落空了，所以他们的心里有些失意，对新来的总监工作配合度较低。

| 解题： 问题分析与解决十二法

对何总而言，自己一方面对团队工作的掌控力还不够，新官上任需要做出一些成绩，另一方面还得面对自己下属的不配合。何总也经常和他们联络感情，但情况好像并没有好转。他该如何破解这个难题呢？

问题：在这个案例中你发现了什么问题？如果短期内无法解决这个问题，会出现什么后果？如果你是何总，你会怎么做？

分析：_____

_____

_____

对策：_____

_____

_____

四、李总眼中的"叛徒"

李总在当地经营了一家礼品公司,经过 15 年的市场耕耘,他的公司在行业内颇有一定地位。在一次交流中,李总的话题明显多了起来,聊到痛点,李总深有感触。

李总说,前段时间,当时自己正开着车,见到自己公司原来的市场总监,真有一种咬牙切齿的感觉。他问自己是不是心理有问题了,怎么会这样?

原来,李总的手下原有一位市场总监梁总监,他从大学毕业就进入李总的公司工作。10 年的时间里,他从销售助理一直干到市场总监,可以说是李总一手培养起来的骨干。李总对他十分信任,公司的一些重要客户也交由他负责。

一年前,梁总监以回老家发展为由,向李总提出了辞职,李总也再三挽留,但最终还是为他开了欢送会。梁总监离职后,李总还为他多支付了一笔不错的奖金,作为对他多年来付出的肯定。

| 解题： 问题分析与解决十二法

但让李总接受不了的是，梁总监离职后并没有回老家，而是在一个月后，在距离李总公司不到十公里的地方，自己开了一家与李总的公司同类型的公司。李总自诩待他不薄，感觉自己被耍了，非常气愤，于是直接打电话给梁总监，指责对方是叛徒。梁总监回复说希望李总能够理解年轻人创业的想法，市场那么大，自己不会和他恶意竞争。

在后面的大半年里，虽说梁总监没有从李总那里带走一名员工，但李总确实还是有一些客户流失到了梁总监那里。从此，李总给原下属贴上了"叛徒"的标签。

问题：在这个案例中你发现了什么问题？如果你是梁总监，你会怎么做？如果你是李总，你又会怎么做？

分析：_____

_____

_____

对策：_____

_____

_____

五、郁闷至极的周总

周总原来自己经营一家科技网络公司，后来因为合伙人散伙、公司经营不善，结果倒闭了。消沉了一段时间后，为了维持生计，周总在网上浏览了相关的招聘信息，然后应聘到一家新成立的科技发展公司工作。这家公司的老板实力不错，在原来的项目上赚了一些钱，他投资这家公司是想把原来的项目升级并和新项目进行融合，因此他对这家公司寄予了很高的期望。基于技术出身和具有丰富的创业管理经验，周总应聘成功，成为这家公司的运营副总。

两个月之后，周总发现这家新公司的团队有很大问题。老板本人不擅长管理，很多事情过于信任下属。很多部门的负责人，都是老板的一些朋友推荐过来的，这些人中大多都知道老板的一些基本情况，他们的能力一般，钩心斗角、偷懒耍滑的本事却各有一套。

人力资源总监向老板提议引入一套 OA 系统，原本 3 万元就能搞定的事情，结果到了公司变成了 10 万元。

技术总监带领十多个人开发一款 App，原本 3 个月就能结束的工作，他却报 4 个月，多出来的 1 个月，人工支出就多了十几万元。

基于这样的现象频繁出现，有几次周总在会议上直接质问各部门的情况。周总也向老板提出更合理的方案，但都被老板否定了。一段时间下来，各部门的一些负责人都知道这个副总没有什么背景，于是表面一套背后一套地应付他。

最近，周总发现他手下这些部门的负责人，有联合起来与他对抗的倾向，他已经被别人在老板面前告了好几次状了。周总有些无力和无奈，感觉自己在这家公司干得没意思，有好项目却没有好团队来落地，但自己以前的公司经营失败，到现在还欠着外债，自己需要这份收入不菲的工作。是跟着混，还是发起挑战，这种情况让周总很是郁闷。

问题：在这个案例中你发现了什么问题？周总当下的处境如何化解？如果你是周总，你会怎么做？从这家公司的发展来看，你还能预见什么问题？

分析：_____

_____

对策：_____

_____

六、研习你的案例

在这一章上述 5 个案例中，你能发现什么深层次的问题？上述 5 个案例只是从工作中提炼的较为通用的案例，其实每个人都会遇到棘手的问题。如果你有类似的案例，可以分享出来和大家一起研习。如果有兴趣，你也可以尝试自己归纳一下。

_____

_____

_____

_____

我们组织创办了问题管理研习社，可以在微信上搜索"问题管理研习社"公众号并关注，一起交流一些基于问题引发的思考。

CHAPTER 4
第四章

在问题中升值：领导者的修炼

领导无德，何以服众；

领导无才，何以驭众；

业绩为本，魅力彰显。

第四章 在问题中升值：领导者的修炼

一、领导者角色认知十二问

在问题分析与解决的实践课程和咨询过程中，我总结了一个规律，那就是越能正确认知角色的领导者，越能快速投入攻坚克难的状态中。同时，我发现有些领导者在自身岗位上干了很多年，职权确实很大，但其对自身管理角色的认知是有限的。

那么，领导者的角色认知到底应该是怎样的呢？是否真的有助于领导者解决管理中的难题呢？接下来我们了解几个问题，看看自己会产生怎样的思考。

①我能提供什么样的关键业务？我的核心资源有哪些？

这是从自身核心资源聚焦的角度来思考自身的角色认知。

②我的甲方喜欢什么样的产品/服务？

这是从客户/用户的需求角度来思考自身的角色认知。

③一般甲方喜欢与什么样的供应商开展合作？

这是从客户/用户的选择匹配度角度来思考自身的角色认知。

④怎样让甲方更好地了解我？怎样建立长期的关系？

这是从对知名度和美誉度的追求角度来思考自身的角色认知。

⑤谁是我重要的合作伙伴？

主导、参与、配合，选择不同的状态。这是从高效能保障的角度来思考自身的角色认知。

⑥为此我能承受的成本结构是怎样的？盈利效应又是怎样的？

这是从收支预期的角度来分析投入与产出价值。

上述六点可以让领导者回归到经营本质上产生有效的角色认知。这个部分决定了我们在团队内部能否开展分析交流，让更多的领导者参与进来，正确认知自己的角色。

接下来我们了解一下领导者的团队内角色认知又应该处于一个怎样的状态。

①在中长期中我的团队最希望达到什么目标？

这是从目标的设定和理解的角度来认知要什么。

②我究竟要打造一个什么样的团队？

这是从自身的管理追求角度来认知做什么。

③我认为团队最强的能力是什么？

这是从上司的角度来看团队的能力优化与竞争力。

④在众人心目中希望自身是一个什么样的团队？

这是从大众的角度来看对团队的认知与对领导者的期望。

⑤哪些内在的品格/外在的资源是团队必须拥有的？

深度分析，形成团队集体追求，与领导者形成合力。

⑥当团队……，我才能感觉到真正的快乐。

发觉内在的价值追求，不仅是物质上的，还有精神上的。

上述六点可以让领导者从对团队管理的本质追求上产生有效的角色认知。这个部分需要领导者与下属进行一次集体会谈或用专题的团队建设工作坊的方式来产生更好的角色认知。

基于以上 12 个领导者角色认知的问题，你可以做一下功课，深度梳理一下自身的角色认知。

_____

_____

_____

_____

| 解题：问题分析与解决十二法

有人说："五流的领导自己苦干，下属清闲；四流的领导自己不干，全让下属干；三流的领导自己也干，但让下属跟着干；二流的领导自己不轻易干，但下属会拼命干；一流的领导只要活着，就可以引领；超一流的领导不用活着，还可以引领。"

领导者应做好团队的三种领袖角色：学习领袖，能带领团队持续拓展新的认知；产业领袖，能带领团队在细分领域中精耕细作、占领高地；精神领袖，以文化的提炼赋能团队发展，强化团队内核。其实，领导力是一种相互作用的爆发力，其中包含诸多因素的合力。简单来说就是"领导力=领导者的效能+追随者的效能-阻力"。领导者同时还需要注意修炼自身的专长权和人格魅力方面的非权力因素。抛开你的职位权力，看看还有多少人真正敬重你！

接下来，请完成一个关于领导者角色的自我承诺。

我最信奉的一句话是_____。

我是_____团队的责任者！

我愿意为我的团队负责！

我知道一切的问题、挫折和挑战都只是成长的过程。

我_____

一定要在_____年___月___日

带领团队实现_____目标！

不管遇到任何事情，我愿意承担一切责任，我愿意坚定地为团队许下承诺：我一定全身心投入，言必信，行必果，没有任何借口和理由，做好表率，带领团队成员一起提升。我一定做得到。

承诺人：

承诺时间：

| 解 题： 问题分析与解决十二法

二、领导者的格局与人生七层论

组织的领导者如果思维局限、视野狭窄，则会导致他们在决策上的局限和短视，从而导致他们的格局不够大。本节将格局这一抽象概念变得清晰可见，从更高的视角看待发生的事并采取更加灵活有效的方式达成期望。接下来先看一则典故，看看你能觉察到什么。

让我们来看看绝缨之宴的典故（原文出自明代冯梦龙《智囊全集》）。

春秋时期，各个诸侯国战乱不断。楚庄王在其名将养由基一次平定叛乱后大宴群臣，宠姬嫔妃也统统出席助兴。席间丝竹声响，轻歌曼舞，美酒佳肴，觥筹交错，直到黄昏仍未尽兴。

楚庄王乃命点烛夜宴，还特别叫最宠爱的两位美人许姬和麦姬轮流向文臣武将们敬酒。忽然一阵疾风吹过，筵席上的蜡烛都熄灭了。这时一位官员斗胆拉住了许姬的手，拉扯中，许姬撕断衣袖得以挣脱，并且扯下了那人帽子上的缨带。

许姬回到楚庄王面前告状，让楚庄王点亮蜡烛后查看众人的帽缨，以便找出刚才无礼之人。楚庄王听完，却传令不要点燃蜡烛，而是大声说："寡人今日设宴，与诸位务要尽欢而散。现请诸位都摘掉帽缨，以便更加尽兴饮酒。"听楚庄王这样说，大家都把帽缨取下，这才点上蜡烛，君臣尽兴而散。

席散回宫，许姬怪楚庄王不给她出气，楚庄王说："此次君臣宴饮，旨在狂欢尽兴，融洽君臣关系。酒后失态乃人之常情，若要究其责任，加以责罚，岂不大煞风景？"许姬这才明白楚庄王的用意。这就是历史上著名的"绝缨之宴"。

七年后，楚庄王伐郑，一员战将主动率领部下先行开路。这员战将拼死御战，大败敌军，直杀到郑国国都。

战后楚庄王论功行赏，才知其名叫唐狡。他表示不要赏赐，坦诚七年前宴会上无礼之人就是自己，今日此举全为报七年前不究之恩。

古人讲："君则敬，臣则忠。"楚庄王能够成为"春秋五霸"之一，与其心胸开阔、知人善任不无关系。假设没有绝缨宴，也许唐狡早就被处死了，结果则又不一样了。

| 解题： 问题分析与解决十二法

    我们经常说，做领导的格局要大，想来格局是与范围有关的词。世界上所有的范围都离不开两个维度，一是时间和空间的维度，二是人和事的维度。我们把这两个维度相结合，试着解释一下格局，给如何判断格局建立一个明确的标准。

    首先是时间的长短。在时空坐标上放眼高远，才是格局。领导者要有长远的眼光，能从历史的纵深收集案例，生发智慧；能清醒地认知现实，做出判断；能放眼未来，对未来的趋势有自己的看法。领导者要知进退、立标准，由历史判知现实所处的阶段，由现实所处阶段的特点判断其未来的走向，从而明智地决策，建立自己的行为指引，引导现实与未来的走向。这样做可以明确前进的方向，从而让自己的行动一直沿主线前进；还可以降低时间成本，吸引一批志同道合的人，给共同的目标与愿景提供丰富的资源。

    其次是空间的大小。从身边的人和事开始，推及周围，放眼全国与全球，则格局自然不同。结合自己的工作特点，脚踏实地，开阔视野，不是为了"大"而向"大"的方向思考，而是为了不断迭代，从更广的领域中汲取知识。大空间是为大战略服务的，而不是为思考的虚荣心服务的。

    无论是时间还是空间，其着眼点一定是"人"和"事"。当你能够放眼高远时，你就不会为一时、一人、一地、一事的得失而烦恼，你的心里就能容下更多的人、更多的事。当你能容下足够的人和事时，你的胸怀就会从"小河"变成"大海"，因量变而质变，你就会成为一个心胸宽广的人。人有百态，用其优点，助其进步，成就的人越多，自己的格局就越大。

人这一生有四样东西很重要：扬在脸上的自信、长在心底的善良、融进血里的骨气、刻进生命里的坚强。这样的人，他们会讲究，也能将就；他们能享受最好的，也能承受最坏的。一个人只有心中有大抱负，才能耐得住寂寞，沉下心来做事，才不会锱铢必较，只注重眼前得失，才能矢志不渝地追求自己的理想。人的一生是见天地、见众生、见自己的过程。不同的认知层次，形成了不同的人生格局，它决定你能看到怎样的风景。

眼界所及范围越大，你看待事物的境界就越高；境界越高，你所形成的人生格局就越大。中国古代的哲学家将人这一生的追求和状态分为七个层次，即"奴、徒、工、匠、师、家、圣"。在这里与大家重温一下这些概念。

奴："奴"属于"不得不做"的一类人。他们在非自愿的状态下为了生存而工作、生活，心中充满抱怨，总认为人生中有一股无形的力量将自己束缚住，感觉自己就像活在一个无形的囚笼里，郁郁不得志。

徒："徒"是学徒，是成长的筑基阶段。他们虽然暂时能力不足，但是知道自己要什么，愿意学习和成长。"奴"与"徒"的区别在于奴是"不得不"工作，而徒是"自愿、主动"地学习和工作。

工："工"是社会的主要群体。他们有能力按规矩把事情做好，能够养家糊口，可以凭自己的能力立足于天地间。

匠："匠"有手艺，做事精益求精、尽善尽美，且勇于创新，是业界精英。他们不仅把自己的事情做好，还愿意收徒授艺，传承绝学。

师：在"匠"以前的几个层次，焦点都在事上，从"师"开始，不仅关注事，而且重点关注人。《礼记》曰："师也者，教之以事而喻诸德者也。"也就是说，师者，不仅自己有能力，而且愿意把自己的技术或学问传授给别人，不仅教人做事，更要唤醒人们内在的优良品德及智慧。"师"与"徒"相对应，正是因为有"师"的存在，才能有"徒"的成长。

家："家"以慈悲为怀，心怀大众，通过努力不仅实现了自己的理想，自成一派，还成为众人追随的偶像、行业的典范，具有强大的繁衍能力，能把自己的成功模式复制给更多的人，为社会创造更多的物质和精神财富。

圣：这是人生的最高层次。《说文解字》解释为："圣，通也。"中国古代把那些生前为人类做出巨大贡献的人物，死后尊为"圣人"，如孔子、庄子……

不同层次的人，他们的心理需求是不一样的，他们的格局也不相同。低层次的人，他们心中只有自己。随着层次的提升，他们心中所能容纳的人、事、物逐渐增多，其胸怀也会变得宽广。一个心中只有自己，只想着满足自己欲望的人，怎么能够充分协调组织成员之间的协作关系呢？又有什么资格到更高的层次呢？一位成熟的领导者，在考虑问题时应试着将更多的人考虑在内，拓宽自己思考问题的维度，从总想着自己

第四章　在问题中升值：领导者的修炼

的旧习惯中跳出来。当你能够从一个更大的范围看事情时，你才能成为一位成熟的领导者。

有关领导者的格局，你有怎样的关联思考呢？

_____

_____

| 解题：问题分析与解决十二法

三、领导者的情绪压力自治

压力是怎么出现的

有人问我："为什么现在钱是赚到了，却不快乐了，感觉生活的压力越来越大了？"

答："其实是人们的欲求越来越多了，由于得不到想要的东西而随之产生的焦虑、抑郁等才是真正的问题。"

也有人问我："生活中能不能没有压力？"

答："生命其实就是克服压力（证明自己能力）的过程，压力会伴随我们的一生，适度的压力可以让我们的生活变得更加精彩！"

还有人问我："压力可以通过体能上的锻炼和发泄得以消除吗？"

答："在锻炼时，压力只是被暂时忽略不计，但在锻炼结束后，那些压力还在等着你去解决，你无法逃避！"

你要买车，你要供房，你要出国，你要读 EMBA，你要整合资源，你要打败竞争对手，你要消费，你要事业成功，于是你熬夜，你加班，你陪客户应酬。你才 30 多岁就已经有了"将军肚"，你开始脱发，你开始忘记熟人的名字，你做事经常后悔、易怒、烦躁、悲观，你的睡眠时间越来越短，醒来也不解乏，你经常头疼、耳鸣、目眩，检查也没有结果……

其实你知道这样的状况很不好，可你一直想挺过去，想等事业有了起色，再休假去"世外桃源"好好休整一下。你总是期许等忙过这段时间就让自己好好放松一下，去那向往已久的地方，可这次过去，还有下一次，然而那一天却不知何时能确定……

压力是环境要求你做出选择或改变时的个人感受，压力是对未知事件悲观解释的结果，压力是持续不断的精力消耗——心力衰竭的开始。压力是一种认知。当我们认为某种情况超出个人所能应付的范围时，我们在生理和心理上会产生一定的反应，这种反应就是压力。简而言之，生活就是责任，责任就是压力。所谓能力越大、责任越大，领导者所承受的压力也是必须重视的问题！

压力产生的关键

压力又分为理性的压力与感性的压力两方面，理性的压力是能力有问题，感性的压力是心态有问题。标准太高、能力不足、胡思乱想，这都是压力产生的关键。

| 解题： 问题分析与解决十二法

压力的累积效应

生活中发生的重大事件，如离婚、亲人去世、工作变动等，会使人产生紧张感和压力。事件越严重，数量（次数）越多，持续时间越长，影响就越大。生活事件有正性和负性之分，其影响是不同的。同时，要注意正性事件也会造成一定的压力，同样也需要努力去应付。

当你对自身压力认知不够时，你就无法看到压力带来的危机，而危机没有及时得到解决，就会对你造成伤害：精神不好、记忆衰退、脾气暴躁、全身无力、工作无趣、生活无味、不易入睡、食欲不振、容易生病……

企业的各级领导者，尤其是中高级领导者，在感受到压力之后，往往不自觉地把自己内心的压力"传染"给被领导者，使他们也产生压力。当被领导者成为压力的"携带"者后，他们会以诸多的"管理难题"的形式把压力再返给领导者。

如此一来二去，领导者与被领导者之间的压力互动（相互"传染"）导致压力越来越大、压力产生的原因越来越复杂。批评、责怪、训斥、怒骂、抱怨、讥讽、挖苦、报复、推卸责任成为压力在管理过程中"传染"的基本形式。形形色色的"言说"，是领导者与被领导者进行压力互动的常见方式。对于来自领导者的压力，被领导者有一种本能的抵抗，抵抗也是他们面对压力进行自我保护的措施。

情绪是怎么演变的

燃烧一片树林可能只需要一根火柴,而在生活与工作中,也许我们的压力与情绪源便是这根火柴。情绪首先是主观体验,被主观感觉到、感知到,从而产生喜、怒、哀、惧等主观感受。不同人对同一事物的看法不同,同一人在不同时期对同一事物的看法也不同。

情绪产生的特性如下。

① 情绪是由刺激引发的。

② 情绪是主观体验。

③ 情绪具有可变性。

④ 情绪具有传染性。

接下来看一个有关情绪变化的故事:老王的奖金。

情境一:老王辛苦了一年,年终奖拿了1万元,左右一打听,办公室其他人的年终奖只有5000元。老王按捺不住心中的狂喜,偷偷用手机打电话给老婆:"亲爱的,晚上别做饭了,我的年终奖发下来了,晚上咱们去你一直惦记的那家西餐厅,好好庆祝一下!"

情境二:老王辛苦了一年,年终奖拿了1万元,左右一打听,办公室所有人的年终奖都是1万元,他的心里不免掠过一丝失望,

| 解题： 问题分析与解决十二法

原来大家都一样，没激情。快下班的时候，老王给老婆发了条短信："晚上别做饭了，今天发年终奖了，晚上咱们去家门口的那家川菜馆吃吧！"

情境三：老王辛苦了一年，年终奖拿了 1 万元，左右一打听，办公室其他人的年终奖是 12 000 元。老王心中十分郁闷，一整天都感觉心中压着一块石头。下班到家后，见老婆正在做饭，他嘟嘟囔囔地发了一通牢骚："哎算了，不就是比别人少了 2000 元嘛！"老王把正在玩手机的儿子叫过来，给他 100 元，说："去，到门口菜馆买两个菜回来。"

情境四：老王辛苦了一年，年终奖拿了 1 万元，左右一打听，办公室其他人的年终奖都是 2 万元。老王一听，肺都要气炸了，立马冲到经理办公室，理论了半天，无果。老王强忍着怒气，在办公室憋了一整天。回到家后，老王一声不吭地生闷气，瞥见儿子在玩手机，突然大发雷霆："你个没出息的，马上要考试了，还不赶紧去看书，再让我看到你玩手机，我就打你的屁股！"

在上述四个情境中，老王的年终奖其实一直都是 1 万元，但到底是什么让老王的情绪发生了变化？觉察生活中的状态，你又会有怎样的发现呢？

情绪本没有什么好坏之分，但当我们不懂自知、自制时就有好坏之结果！情绪是人类最大的敌人之一，我们常被情绪控制，却无法控制情绪！

情绪对健康的影响很大。例如，美国生理学家艾尔马将玻璃管插在冰和水混合的容器里，收集人在不同情绪下呼出的"气水"，结果发现：人在悲痛时呼出的气冷凝后有白色的沉淀；在心平气和时呼出的气冷凝后清澈、透明，无色、无杂质；在生气时呼出的气冷凝后则会出现紫色的沉淀。将"生气水"注射到小白鼠体内，小白鼠居然死了。由此可见，生气对健康的危害非同一般。

调适压力与情绪

现代社会人们内心缺失什么？

浮躁 VS 宁静，你会选哪一个呢？

保持内心的宁静，需要坚强的意志和强大的自制力，这并不是一件容易的事。所谓"知止而后有定，定而后能静，静而后能安，安而后能虑，虑而后能得"，必须内心有主宰，不移不变，才能凭借坚定的意志克服内心欲念的波动与焦虑，使内心平静下来，获得不为外力所动摇的定力，从宁静中安顿身心！

世界不会因为你的疲惫而停下其脚步！从心开始，安心、安身、安家、安业！圣人求心不求佛，凡人求佛不求心；智人调心不调身，愚人调身不调心。相由心生，境随心转，调整好你的心态，要知道将你击垮的不是压

| 解题： 问题分析与解决十二法

力，而是你承受压力的方式。

人生是算总账的。人总会遇到挫折，会有低谷和不被理解的时候，这恰恰是人生最关键的时候，此时需要有耐心、满怀信心地等待，以积极的心态面对挫折！人生中尤为重要的是 AQ——逆境商：当面对挫折时，以你的平静，接受不能改变的；以你的勇气，改变可以改变的；以你的智慧，区别以上两者。

情绪化会使人蒙蔽心声。你要懂得，先处理好你的心情再处理你的事情！遇事状态不对时要提醒自己：先暂停—后调整—再行动。

可以改变的，一定要改变；不可以改变的，变着法儿去改善；不可以改善的，调整好状态去承担；不可以承担的，无法说服自己就结束。

事情本身可能并不难，而是自己想得太难了，自我设限，从而裹足不前。练习一下，做出调适，写下你的困惑，没有必要忧郁或逃避！

①困境：我做不到_____。

②改写：到现在为止，我尚未能做到_____。

③ 因果：因为过去我不懂得_____，所以到现在为止，尚未能做到_____。

④ 假设：当我学懂_____，我便能做到_____。

⑤ 未来：我要去 _____，我将会做到_____。

⑥ 成功：我做到_____以后，我就会_____。

⑦ 平衡：为了达成_____，会出现一些我不能承受的后果吗？

⑧ 身份：我是_____？我真的需要_____吗？

⑨ 选择：为了达成_____，我还有什么选择？

做完练习后，你有什么觉察呢？在生活或工作中你打算怎样使用这个方法？用这个方法与团队伙伴做一次引导会谈，帮助其他伙伴做一些压力与情绪上的疏导。

_____

_____

_____

以下总结了一些释放压力、调节情绪的方法，希望能给伙伴们带来一些参考和帮助。

① 一吐为快，获得解脱、支持和指导，找到合适的人倾诉。

② 音乐减压，睡前听古典音乐或轻音乐。

| 解 题： 问题分析与解决十二法

③阅读书报，缓解压力，增加知识乐趣，寄情于精神食粮中。

④泡热水澡，水温 37℃～39℃，按摩放松肌肉神经，缓解疲劳。

⑤大喊、大叫、大哭、大笑，使情绪发泄，不积于心中，减轻压力。

⑥与人为善，你无法让所有的人都喜欢你，放下执念，可以多做一些助人的事。

⑦使用香精，有助于舒缓紧张的压力和帮助睡眠。

⑧色彩减压，如黄色、绿色可以舒缓眼部压力，调节室内气氛，应经常换一下布局。

⑨食物减压，多吃一些含有 DHA 的鱼油、富含维生素 B 或 C 的食物、大蒜等。

⑩写作减压，压力体验，生理、心理上的烦恼通过写作释放。

⑪睡眠减压，精力旺盛才能抗住压力，睡眠不足会导致迟钝。

⑫减少负荷，别当超人，心理预期低一点，淡泊名利，知足常乐。

⑬做些让步，即使你完全正确，让步也不会降低你的身份，反而会让你的情绪缓和。

⑭将腿抬高，脚下垫枕，可缓解下肢血液循环不畅而导致的肿胀，进而缓解疲劳。

⑮ 暴力减压，易怒的人别憋着，随身携带减压小皮球，郁闷时捏一捏。

⑯ 暂时离开压力地，外出旅行，深度思考，山河令人心醉、让人放松，使压力转化。

⑰ 沉下去再浮上来，已经很消沉了，不如沉到底，触底才能反弹。

⑱ 感受大自然的力量，找一处草坪舒适地躺下，让你的后背感受到大地的依托。

⑲ 寻找或重拾你的兴趣爱好，让自己更充实，并寄情其中（健康的、非低级趣味的兴趣爱好）。

⑳ 再忙也要留点时间、空间让思绪沉淀，给自己单独的宁静。

㉑ 不要总和别人计较、比较，否则你会更累。

㉒ 注意你的压力与情绪源到底在哪里，解决或转化压力与不良情绪。

| 解题：问题分析与解决十二法

四、发现团队建设的规律

任何一个团队的发展都是在不断变革中体现的，与此同时团队的任务也在发生变化，团队内的角色也在发生根本性的转变。用其所长，必容所短。领导者梦寐以求的就是使自己的团队尽快成熟起来，然而在现实中，团队从成立到成熟的过程并不是一帆风顺的，甚至是痛苦的！团队不会自己从成立走向成熟，而是需要经历许多磨砺，在磨砺中发展与成长。因此，作为领导者，我们更需要为团队的发展营造良好的氛围，这需要我们的引领与带动。

著名管理学家布鲁斯·塔克曼所提出的塔克曼团队发展阶梯理论可以给团队建设中不同阶段的状态带来对照说明，让一些平时没有时间细想的伙伴对团队建设过程中遇到的一些现象与问题有更深的理解。

每个人在人生之路上所走的路并不相同，类似地，每个团队都会以不同的建立方法经历五个发展阶段：组建期、激荡期、规范期、执行期和休整期。

组建期

在一个组织中组建团队一般有两种可能：一是建立以团队为基础的组织，即以团队为整个组织的运行基础；二是在组织中有限的范围内或在完成某些任务时采用团队的形式。此阶段的特点是团队的目标、结构、领导者都不确定，整个团队还没有建立起规范，或者对于规范还没有形成共同的看法，团队成员各自摸索群体可以接受的行为规范。当团队成员开始把自己看作团队的一员时，这个阶段就结束了。

此时，领导者的主要任务包括以下两个方面。

初步构成团队的内部框架

① 在团队成立伊始，团队领导者应该对团队的各个要素十分明确，包括团队的目标、规模、规范、定位、职权、成员和计划。团队成员的角色应如何分配、团队成员应如何选择等都是在团队的组建期设定的。

② 建立团队与外界的初步联系。

主要内容

① 建立团队与组织其他部门的信息联系及相互关系。

② 确定团队的权限，如自由处置的权限、必须向上级报告请批的事项、资源使用权、信息接触的权限等。

③ 建立对团队的绩效进行激励与约束的制度体系。

| 解题： 问题分析与解决十二法

④ 争取对团队的支持，如专家指导培训及物资、经费或精神方面的支持。

⑤ 建立团队与组织外部的联系与协调的关系，如建立与企业顾客、企业协作者之间的联系，努力与社会制度和文化相协调等。

团队由不同动机、不同需求与不同特性的人组成，而此阶段团队成员缺乏共同的目标，彼此之间的关系也尚未建立，人与人的了解与信任不足，彼此之间充满了谨慎和礼貌。在人际关系的发展方面表现为，团队成员之间相互了解和相互交往，表现出一种在一起的兴趣和新鲜感受。在这个阶段，所有团队成员需要明白："人们对我的期望如何？我如何才能融入团队？我们该做什么？有什么规矩？"在心态和行为方面则可能表现为，团队成员在完全了解情势之前，不会轻易投入，存在模糊或不确定的状况。

在这个阶段，团队领导者必须立即掌握团队，快速让团队成员进入状态，降低不稳定的风险，确保团队组建有效进行。在团队组建之初，团队成员比较关注工作的目标和程序。此阶段团队的关系方面要强调相互支持、相互帮助，因为此阶段团队成员之间的关系尚未稳定，不能太过坦诚，否则容易导致成员无法一致接受。此阶段的领导风格要采取控制型领导，不能放任，大致目标由领导者确立（但是要合理和经过大多数成员的认同），领导者应清晰直接地告知成员其想法和目的，不能让成员自己想象和猜测，否则容易走样。此时，也要尽快建立必要的规范，不需要完美，但是需要尽快让团队步入正轨。

激荡期

团队经过组建期后，潜在问题逐渐暴露，就会进入激荡期。此阶段团队内部冲突加剧，虽然团队成员接受了团队的存在，但是对团队加给他们的约束，仍然会有抵制。团队成员争权夺利，为获得有控制权的职位而钩心斗角，对于团队的发展方向也争论不休，此时外面的压力也渗透到团队内部，在团队成员各自维护自己的权益的同时，增加了组织内部的紧张气氛。在这个阶段，热情往往让位于愤怒，抗拒、较劲、嫉妒是常有的现象，那些团队组建之初就确立的基本原则可能像狂风中的大树一样被打倒。这个阶段之所以重要，是因为如果团队成员可以安全度过这个阶段，团队就不再是支离破碎的部分，而是团队本身了。

激荡包括成员与成员之间、成员与环境之间、新旧观念与行为之间的激荡。

成员与成员之间的激荡

团队进入激荡期后，会产生成员与成员之间的激荡。这时，有关工作行为、任务目标、工作指导等方面的问题都被暂时搁置在一边，成员之间由于立场、观念、方法、行为等方面的差异而产生各种冲突，人际关系陷入紧张局面，甚至出现敌视、埋怨及向领导者挑战的情况，一些人可能暂时回避这种紧张的气氛，甚至有人准备退出这一新生团队。

面对如此情势，一方面，领导者和成员要认识到激荡期是团队成长所必须经历的阶段，产生冲突并不一定是坏事，相反，它促成了潜在问题的暴露，为团队尽早进入规范期创造了条件。同时，冲突和激荡还是成员之间相互提高、团队有效决策和绩效提升的重要手段。另一方面，领导者和成员都应积极促成冲突的解决，并且要清楚地认识到协调个人的差异和安定大家的情绪是需要时间的，不能采取压制的手段，而应稳妥地引导大家理智对待这一局面，讲明"冲突不如合作"的道理，在冲突与合作中寻求理想的平衡。在这个阶段，许多有关解决冲突、促进沟通、改善人际关系的方法和技巧都可以得到广泛深入的运用。

成员与环境之间的激荡

这种激荡主要包括三个方面。

① 成员与组织技术系统之间的激荡。例如，团队成员可能对团队采用的信息技术系统或新的制作技术不熟悉，经常出错，这时最紧迫的是进行技能培训，使成员迅速掌握新技术。

② 成员与组织制度系统之间的激荡。一方面，在团队建设中，组织会在其内部建立尽量与团队运作相适应的制度系统，如人事制度、考评制度、奖惩制度等。这些制度有可能是不完善的，也有可能不为已经习惯于传统制度的成员所适应。

这时组织要做的工作，一是使成员尽快适应新的制度，二是不断完善和推广新的制度，使之适应成员的实际情况、环境的客观变化及团队建设计划的执行步伐。此外，新的制度通常是与传统制度并存的，不仅新旧制度之间会有矛盾，而且处于新旧制度之下的团队成员也会常常感到无所适从。

领导者要做的工作，一是尽量消除新旧制度之间的矛盾，二是表示推行新的制度的决心，打消团队成员犹豫不决、摇摆不定的态度，使之尽快全身心地投入团队建设中。

③ 团队与组织其他部门之间的关系磨合。团队在成长过程中，与组织其他部门会产生各种各样的联系，也会产生各种各样的矛盾与冲突，因此需要进行良好的协调，尤其是团队与社会制度及文化之间的关系协调。

新旧观念与行为之间的激荡

团队在激荡期会产生新旧观念与行为之间的激荡。传统组织通常假设人是"经纪人"，认为人天性懒惰、漫不经心、不愿负责、易受诱惑，只关心自己的事；团队则假设人是复杂的人，而且更注重人的功能，认为人工作努力、积极参与、愿意负责、慷慨宽容、诚实可信。

因此，团队在激荡期就面临着人性假设、管理哲学、价值观等方面的激荡与改变。传统组织在决策方面往往以个人决策为主，专断的情况很多；在组织方面强调严格的分工和等级制度与硬性的规章；在领导方面强调命令和服从，很少有民主观念；在控制方面重监督、惩罚与强制；在文化方面重视各安其位、严格执行、绝对服从等。而团队在决策方面则是团队集体决策及成员参与决策；在组织方面非常灵活，成员彼此平等，行为准则很有弹性；在领导方面强调民主和自我管理；在控制方面强调共同目标下的自我监督；在文化方面重视相互帮助、相互协作、活力热忱等。

在传统组织中进行团队建设将面临一系列行为方式的激荡与改变。在这个过程中，团队建设可能会遇到很多的阻力。在新旧观念的激荡中，成员可能会因为害怕承担责任、害怕未知、害怕改变等而拒绝新的团队行为方式，领导者可能会因为权力变小而拒绝放弃严厉的控制方式。这时，需要运用一系列手段来促进团队的成长，采用新的行为方式，如舆论宣传、纪律处分、强制手段、奖励措施等。在这个阶段，成员将经历一系列的压力、挫折、学习、强化、行为矫正等过程。

规范期

经过一段时间的激荡，团队将逐渐走向规范。团队成员开始以一种合作的方式组合在一起，并且在各派竞争力量之间形成一种试探性的平衡。经过努力，团队成员逐渐了解了领导者的想法与团队的目标，建立了共同的愿景，相互之间也产生了默契，对于团队的规范也有所了解，违规的事情减少，日常工作能够顺利进行。在这个阶段，团队成员之间开始形成亲密的关系，团队表现出一定的凝聚力。

这时团队成员会产生强烈的团队身份感和积极的态度，表现为相互之间更加理解并再次把注意力转移到工作任务和目标上，团队成员关心的问题是彼此的合作和团队的发展。团队成员对新的技术、制度也逐步熟悉和适应，并在新旧制度之间寻求某种平衡。团队与组织其他部门之间的关系也逐渐理顺。但团队成员对领导者的依赖感依然很强,还不能形成自治团队。

在新旧观念的交锋中,新观念逐渐占据上风,并逐渐为团队成员普遍接受。总之,团队会逐步克服团队建设中遇到的一系列阻力,新的行为规范得以确立并为团队成员所接受。在这个阶段,团队面临的主要问题是团队成员因为害怕产生更多的冲突而不愿提出自己的建议。因此,这时的工作重点是通过增强团队成员的责任感来帮助他们放弃沉默。

此阶段最重要的工作就是形成有力的团队文化。如何形成有力的团队文化,促进共同价值观的形成,调动个人的活力和热忱,增强团队的凝聚力,培养成员对团队的认同感、归属感、一体感,营造成员间相互合作、相互帮助、互敬互爱、关心集体、努力奉献的氛围,将成为团队建设的重要内容。团队能否顺利度过规范期及团队形成的规范是否真正高效有力,将直接影响团队建设的成败与最终的绩效。

在这个阶段,还应该建议更广泛的授权与更清晰的权责划分。在团队成员能接受的范围内,提出善意的建议,部分规范成员可以参与决策。如果有新加入的成员,必须让其尽快融入团队中。在授权的同时,要保持控制,不能一下子授权太多,否则在收回权力时会导致士气受挫。此外,配合培训是此阶段很重要的事情。当团队稳定下来,团队成员对于什么是正确的行为基本达成共识时,这个阶段就结束了。

| 解题：问题分析与解决十二法

执行期

在这个阶段，团队规范已经开始充分地发挥作用，并已被团队成员完全接受，团队成员的注意力已经从试图相互认识和理解转移并集中到充满自信地完成手头的任务，以及提高团队效率上，并且团队成员能用他们的全部能量面对各种挑战，能经受住一定程度的压力，这是一个出成果的阶段。此时，团队成员的角色都很明确，并能深刻领悟到完成团队工作需要大家的配合和支持，同时已学会以建设性的方式提出异议，成员间高度信任、彼此尊重，呈现出接受群体外部新方法、新输入和自我创新的学习性状态。

此阶段整个团队已熟练掌握处理内部冲突的技巧，也学会了开展团队决策和团队会议的各种方法，并能通过团队会议集中团队成员的智慧以做出高效决策，以及通过团队成员的共同努力追求团队的成功。在执行任务的过程中，团队成员加深了了解，增进了友谊，同时整个团队在摸爬滚打中更加成熟工作也更加富有成效。

这时，领导者必须创造参与的环境，以身作则，使工作更有成效。此阶段自治团队已经成功组建，团队爆发前所未有的潜能，创造出非凡的成果，并能以合理的成本高度满足客户的需要。

休整期

在休整期，对团队而言，有以下几种可能的结局。

第四章　在问题中升值：领导者的修炼

① 团队解散。为完成某项特定任务而组建的团队，伴随着任务的完成，团队也会因此而解散。此时，高绩效不是压倒一切的首要任务，团队成员的注意力转移到了团队的收尾工作上。在这个阶段，团队成员的反应差异很大：有的很乐观，沉浸于团队的成就中；有的则很悲观，惋惜在共同的工作团队中建立起的友谊关系，不能再像以前那样一起工作。

② 团队休整。组织会在完成阶段性工作任务之后做出人员调整的计划安排，开始休整而准备进行下一项工作任务，此时可能会有团队成员的更替，即可能有新成员加入，或有原成员退出。

③ 团队整顿。在执行期表现得差强人意的团队，进入休整期后，可能会被勒令整顿，即通过努力消除一些"假团队"的特质，经过"回炉处理"，希望锤炼成真正的团队。于是，会出现新一轮的团队建设。对团队实行整顿的一个重要内容是优化团队规范，这时可用到美国学者皮尔尼克提出的"规范分析法"。首先，明确团队已经形成的规范，尤其是那些起消极作用的规范，如强人领导而非共同领导、分别负责而非共同负责、彼此攻击而非相互支持等"假团队"的特质；其次，绘制规范剖面图，得到规范差距曲线；再次，听取各方面对这些规范进行改革的意见，经过充分的民主讨论，制订系统的改革方案，包括责任、信息交流、反馈、奖励和招收新的成员等；最后，对改革措施进行跟踪评价，并做出必要的调整。在这个阶段，领导者更需要运用系统的思维，通观全局，并保持危机意识，持续学习，持续成长。

塔克曼团队发展阶梯理论如图 4-1 所示。

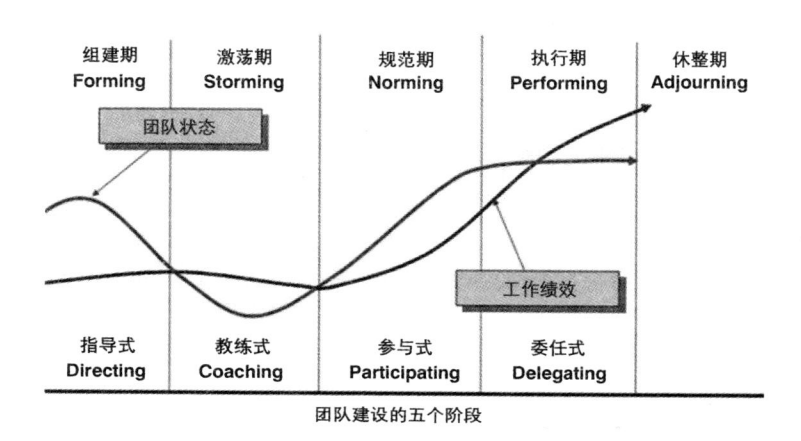

图 4-1 塔克曼团队发展阶梯理论

以上五个阶段反映的是团队建设的一般性过程，实际的团队建设过程有时也会有所偏差，如出现跳跃现象，或出现各个阶段的融合。例如，在团队发展的前期和后期都有可能会出现激荡，在前期出现激荡的原因可能是团队成员的定位过于混乱，而在后期出现激荡的原因可能是薪酬分配过程中出现了不公平的现象。你可以结合自身团队的现实状况进行对照分析，并寻找你作为团队的领导者需要做的重点工作。

总体来说，如果团队建设过程顺利，它通常会表现出如下特征。

① 团队行为与组织目标所规定的方向日趋一致。

② 团队绩效逐渐提高。

③ 团队成员的自我管理、自我调节和自我完善能力不断增强。

④ 团队越来越能兼顾组织、团队和个人的利益，并把三者有机结合起来。

⑤ 团队能持续学习提高。

想想作为一个团队的领导者，你所带领的团队在当下大概处于一个什么阶段？有什么样的表现？此刻你能想到什么引导策略？

_____

_____

_____

_____

| 解 题： 问题分析与解决十二法

五、领导者的激发与辅导

下属的状态激发与行为辅导是组织管理中的一个永恒话题，也是一直困扰很多领导者的重要问题之一。在领导者的激发与辅导下，下属变被动为主动，从"制律"上升到自律，能够自主发现、自我改善，继而保持自信与勇敢，更认真、更细致地做他们应该做的工作，而领导者的管理工作也会因此变得轻松、有效。领导者的激发与辅导如图 4-2 所示。

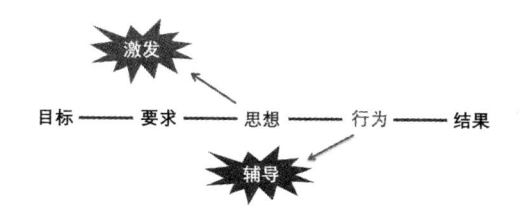

目标 —— 要求 —— 思想 —— 行为 —— 结果
（激发）
（辅导）

图 4-2 领导者的激发与辅导

那么，领导者到底该怎样激发和辅导下属呢？

第四章 在问题中升值：领导者的修炼

明确了任务或目标后，首先思考一下：我的下属会不会做？这里要注意的是知识、技能、经验有没有的问题。然后思考一下：他们想不想做？这里要注意的是状态好不好、信心足不足、动机有没有的问题。

主管者，员工之师也；师者，所以传道受业解惑也；不教而诛谓之虐！你又想用好这个人，但你又缺乏对这个人的激发与辅导，这也是一个领导者无能的表现。

在企业培训工作中我们发现，一个企业的员工的成长大概的投入比为公司层面占 30%，直属上级占 55%，员工自身占 15%。

接下来了解一则案例。

张先生是一家公司的销售主管，他能力强，热爱工作，成绩显著。当年 3 月，他被派到自己喜欢的杭州分公司升任销售经理，薪资也提高了，但是在 8 月的时候，他不但没有了工作热情，甚至还有了辞职的想法。

后来了解得知：原来，引起张先生不满的原因来自他的上司。他的上司对张先生刚到杭州工作颇不放心，担心他做不好工作，于是给他的工作安排基本都是没有什么挑战性的，并且在张先生工作过程中也经常干预。

| 解题：问题分析与解决十二法

张先生本人习惯独立思考问题、快速行动，对于上司的频繁干预，他非常不习惯，并逐渐心生不满。

在这个案例中，你觉得问题出在哪里？是不是下属能力强，其状态就一定会好呢？领导者又应该怎样与下属互动呢？

_____

_____

_____

_____

激发和辅导下属，让他们和企业一起成长，领导者需要关注"一个中心、两个基本点"。

一个中心：状态

"我是谁？"对自己应该有一个比较清醒的认识，自己的优点和缺点都应该一一列出来。怨天尤人不能解决问题，应走出舒适区，对自己负责。

出现问题时用什么样的状态来面对尤为重要。

①庸人三态：

完成差事，领导让我做的都做了；

例行公事，该走的程序都走了；

应付了事，差不多就行了。

②能人三态：

从市场最希望的做起；

从市场最不满意的改起；

分内的事超出领导的期望值。

两个基本点：能力保障和持续的价值体现

领导者要能引导下属愿意做，指导下属如何做。

基于组织的发展，个人的功能与角色也会发生一定的变化，因此领导者应优化下属的岗位胜任力，对其进行专业培训，确保个人的学习与成长能与组织的发展速度及发展要求匹配得上。

辅导下属的能力=观察行为+发现差异+与下属对话+说明重要性+提出改善意见+示范演练+陪同作业+激励+巩固。

持续的价值体现，需要帮下属梳理职业发展路径，如图4-3所示。

调整下属面对事物的状态，激发与辅导无处不在。

提升工作绩效的需要：个人工作绩效=能力×积极性。

组织发展的实际需要：下属努力，管理轻松；下属成长，持续创造价值。

| 解题： 问题分析与解决十二法

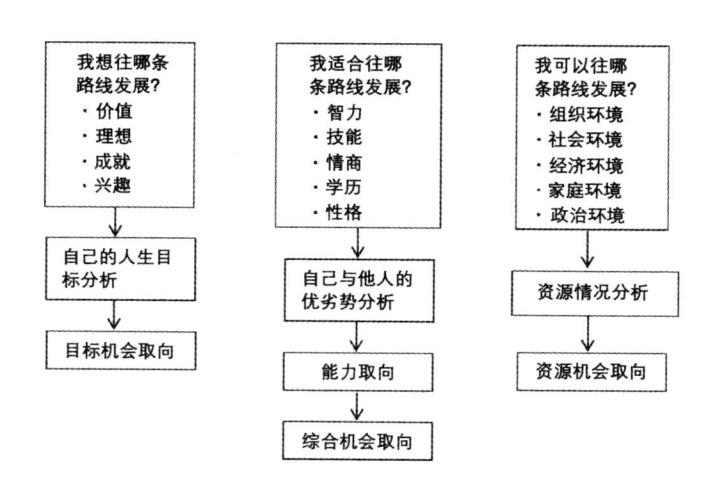

```
我想往哪条              我适合往哪            我可以往哪
路线发展？              条路线发展？          路线发展？
· 价值                  · 智力                · 组织环境
· 理想                  · 技能                · 社会环境
· 成就                  · 情商                · 经济环境
· 兴趣                  · 学历                · 家庭环境
                        · 性格                · 政治环境
   ↓                       ↓                     ↓
自己的人生目              自己与他人的          资源情况分析
标分析                    优劣势分析
   ↓                       ↓                     ↓
目标机会取向              能力取向              资源机会取向
                           ↓
                        综合机会取向
```

图 4-3　职业发展路径梳理

接下来继续了解一则案例，给大家带来更多启发。

- -

第一代企业家与钦定接班人的交心之作[1]

元庆：

来香港后，虽然任务繁重，但对你的情况仍不放心。自我检查后，觉得这几年和你沟通少，谈的都是些你要解决的具体问题。客观原因是你和我都忙，主观原因是没有特别注意我们之间沟通的重要性。我想利用边角或休息时间写信给你，用笔谈的方式会比较冷静，但我也不想很正式，只是拿起笔想到哪儿就写到哪儿，

---

[1] 此则案例出自《商界评论》2007 年第 8 期。

第四章 在问题中升值：领导者的修炼

还是自然感情的随意流露，未必就逻辑性、说理性很强，一次谈不完，下次接着再谈。

我喜欢有能力的年轻人。私营公司的老板喜欢有能力的人才主要是为了一个原因——能给他赚钱，有这一条就够了。而国有公司的老板除这一条外，当然希望在感情上要有配合，谁也不愿找个接班人，能把事做大，但和前任关系不好。开句玩笑，找对象如果对方光漂亮（相当于能力强）但不爱我，那又有什么用？

联想已经是一番不太小的事业了，按照计划将发展到更大。此刻不对领导核心精心加以培养，将来就一切都是空话。

那么我心目中的年轻领导核心应该是什么样子的呢？一要有德。这个德包括几部分内容。首先是要忠诚于联想的事业，也就是说个人利益完全服从于联想的利益。公开地讲，主要就是这一条；不公开地讲，还有一条就是能实心实意地对待前任的开拓者们——我认为这也应该属于"德"的内容之一。在纯粹的商品社会，企业的创业者们把事业做大以后，交下班去应该得到一份从物质到精神的回报；而在我们的社会中，由于机制的不同则不一定能保证这一点。这就使得老一辈的人把权力抓得牢牢的，宁可耽误了事情也不愿意交班。我的责任就是平和地让老同志交班，但要保证他们的利益。此外，从对人的多方考核上造就一层骨干层，再从中选择经得住考验的领导核心。

| 解题：问题分析与解决十二法

　　另外，属于"才"和"德"边缘范围的内容是，年轻的领导者要凭他的无私和他对自己的严格要求，以及对他的伙伴的大度、宽容，自己卓越的领导能力，还能虚心地看到别人的长处，不断反省自己的不足等优良品质使人心服。你知道我的"大鸡"和"小鸡"的理论。你真的只有把自己锻炼成"火鸡"那么大，"小鸡"才肯承认你比他大；当你真像"鸵鸟"那么大时，"小鸡"才会心服。只有赢得这种"心服"，才具备在同代人中做核心的条件。当然在别的国有企业，都是上级领导钦定企业负责人，下面一般都是心不服的，所以领导班子很难团结。我如果不提前考虑这个问题，而像一般国有企业一样到时候再定，也不是过不去，只不过在联想进一步发展时，可能在班子问题上留下隐患。

　　我是希望向这个方向去培养你的。当你由 CAD 部调到微机事业部，并在当年就把微机事业部做得有显著起色时，我的心中除对事情本身成功的喜悦外，更有一层对人才脱颖而出的喜悦。在你开始工作后不久，诸多的矛盾就产生了。我是坚决反对对人的求全责备的。如果把一切其他人得到的经验硬给你加上去，会使得你很难做。我们努力统一思想，尽量保证环境对微机事业部的支持。事实证明了你的能力和不达目的誓不罢休的上进精神。

　　当事情进展到这一步，我应该更多地支持你发展优势，同时指出你的不足，注意如何能上更高的台阶。而你在这时候，应该如何考虑呢？我觉得应该总结出自己真正的优点是什么，自己的弱点是什么，到底联想的环境给了你哪些支持（这能使你更恰如其分地看待自己的成绩），主动向更高的台阶迈进要注意什么。

当我心中明确了将来作为领导核心的人应该具备的条件以后，我对你要做的事包括三件。1）加强对你的全面了解。你自己也要抓住各个机会和我交流各种想法，不仅是工作上的，还应该包括方方面面的想法。2）加强和你的沟通，使你更了解我的好处和毛病、性格中的弱点、"后脑勺"的一面，这才能产生真正的感情交流。3）互相帮助。但更多的是我用你接受的方式指导你改正缺点，向目标前进。

以上的部分我是用了星期六的一个钟头和星期日的一个钟头写的。马上我又要外出了，我想信就写到这里。下面是我想从你那里得到的信息。1）你是不是真有这份心思吃得了苦、受得了委屈，去攀登更高的山峰？2）你自己反思一下，如果向这个目标前进，你到底还缺什么？

柳传志
写于 1994 年

在这个案例中，我们看到了一代企业领导者对下属的激发与辅导。从这个案例中你收获了什么，不妨也思考一下。结合本节内容，同时梳理一

| 解 题： 问题分析与解决十二法

下自身对下属的激发与辅导做得如何、需要改变的地方是什么、需要营造的环境又是什么等问题。

_____

_____

_____

六、塑造企业文化的引领

消除对企业文化的片面性理解

对流行文化的盲目追求、对企业文化的片面解读，使企业文化变成给外人看的"包装"，而非企业的内化与内涵，企业文化的建设工作主要落在了人力资源部门、宣传部门、工会的相关人员身上。然后我们发现：

"领导关怀"——领导视察的照片和讲话……

"党群活动"——基层党组织建设、车间班组活动……

"社会责任"——到养老院慰问、为灾区募捐……

"工会活动"——户外拓展训练、趣味运动会、员工才艺展示……

很多企业员工都认为这些活动就是企业文化！可能有些领导者也是这么认为的，我想这种错把文化当活动的现象应该是很多领导者需要反思的地方。当你要"建设"文化时,文化便成了一个动作的对象,仿佛是可以由你控制、主宰的对象。可是,文化并不是这样被塑造的。文化是自身经历的产物,一群人共同经历了某一个时代,就拥有了某种共同的"文化记忆"。

企业的文化需要提炼,从事件、行为、坚守的底线、精神的追求上追溯文化;需要回顾和总结过往的经历,提炼企业风格,逐步淡化个人色彩,形成更多规范化、职业化的管理制度。一个企业的文化是被经历塑造的,而不是被目的塑造的。当然,我们不否认各种仪式和活动的重要性,但更要强调企业内外环境与经营实践对员工价值观的影响,各种仪式和活动只是传播和强化企业文化的渠道和手段。

有一家民营企业花了 100 多万元学习日本商业实业家稻盛和夫先生的阿米巴经营模式,但他们学到的除追赶时髦、附庸风雅的企业使命、企业宗旨、核心价值观等文化纲领,以及生搬硬套、牵强附会的解释外,更多的则是各种各样的活动。他们把"以人为本,格物致知"提炼成企业的核心价值观,结果在文化落地层面非常费劲。

其实有很多企业都把"以人为本"写入企业文化,但我想反问一下:什么是以人为本?以什么人为本?这是关键。格物致知,这个词出自《礼记·大学》中的"致知在格物"。从古至今,有诸多学者对此有不同的理解。

格物致知对企业提升管理水平、谋求长远发展存在什么样的实际推动作用?当企业在文化落地层面遇到问题时,是否是因为在一开始塑造企业文化时就出了问题？领导者提炼不透彻、员工也弄不明白，这样的企业文化是不是成了一种摆设？

企业文化是在企业的核心价值体系的基础上形成的，是具有延续性的共同的认知系统和习惯性的行为方式。这种共同的认知系统和习惯性的行为方式能够使企业员工之间达成共识，形成心理契约。企业文化是组织员工思想、行为的依据，它具有独特性、难交易性、难模仿性的特质，因此它是企业核心专长与技能的源泉，是企业可持续发展的基本驱动力。

在世界500强企业中，其中百年不衰的企业都有一个共同的特点，那就是他们始终坚持四个价值观。

① 人的价值高于物的价值。

② 共同价值高于个人价值。

③ 社会价值高于利润价值。

④ 用户价值高于生产价值。

任何企业都是有文化的，不存在没有文化的企业，只有不同文化的企业。这些文化伴随企业的发展变迁日积月累沉淀为企业文化，并转化为企业凝聚力和活力的源泉。

企业文化建设的三个明确

① 战略上：明确做什么、不做什么。

②理念上：明确提倡什么、反对什么。

③价值观上：明确追求什么、放弃什么。

企业文化建设的六个方面

① 制度文化：企业治理结构、企业组织机构与规范、企业管理制度。

② 物质文化：有形产品或无形服务、企业技术装备、生产经营场所的环境。

③ 行为文化：企业家行为、企业管理层行为、企业员工群体行为。

④ 企业精神：企业使命、企业价值观、企业管理理念、企业经营理念、企业服务理念、企业人才理念等。

⑤ 视觉呈现：构成企业的视觉识别（VI）形象、体现理念要求、表达品牌含义、体现市场竞争需要。

⑥ 有效传播：文化故事、典型榜样、内部活动、相关培训、媒介载体、商务活动、社会活动、公务礼品等。

反思企业文化的传承与变革

"王八蛋"是一句不文明的俗语，它来源于"忘八端"。何谓"八端"？古时的"八端"是指"孝、悌、忠、信、礼、义、廉、耻"。此"八端"为做人之本，忘记了"八端"即忘记了做人的根本。

如今，这些俗语的演变已经偏离了其本身所要表达的含义，并且在已经知道其原句的情况下，即便我们想改也改不过来了，因为我们已经习惯了。

由此联想到在企业管理中也会遇到类似的情况。往水中投掷一块石头，迭起层层涟漪，形成的水晕越扩越大，但也越传越弱，最后趋向于零，这就是水晕效应。在企业发展中，文化出现缺失和断层对未来发展造成的内耗是极大的。我们总结了四种必须引起重视及需要介入调整的现象。

现象一：企业发展好了，但企业文化理念与行为严重背离（文化虚脱），制度成本高（心理契约的天然缺乏）。企业文化没有落地，而是停留在口号上，导致文化虚脱；心理契约的天然缺乏导致企业的制度成本高，企业行为与员工行为没有自律机制。

现象二：企业实力强了，分权分利就分心，高层之间难以达成共识，目标追求各异，缺乏文化牵引与约束。在物质待遇的基础上，感情动人、事业育人、机制管人，待遇、人情不是唯一的，企业内部关系复杂、思想林立，甚至相互批判，导致文化心态失常。

现象三：企业文化中包含领导者的抱负与追求（这里需要思考的是领导者的文化角色是什么，是投机心态还是事业心态），因此领导者的抱负与追求也决定了企业文化的内核，而领导者自身的转型也是一个痛苦的过程。

现象四：为什么说对成功的企业而言，其最大的敌人其实是自己？随着文化不断被异化、稀释，企业该如何进行文化继承与创新？由于成功企

| 解题：问题分析与解决十二法

业的思维惯性与行为惯性对企业的约束，企业的文化继承与创新会出现诸多矛盾。

因此，推动企业文化的变革，必然是一把手工程。

万科集团的王石先生在《道路与梦想》一书中说过："一种清晰的企业文化，可以聚集一个志同道合的团队。"

宏碁集团的施振荣先生认为，企业文化不是一项运动，用两三年时间就能够达到。最好从企业小的时候就开始着手企业文化建设，因为大了以后，再去建设企业文化就比较困难了。

那么，企业如何实现组织理想的核心逻辑和系统原则？有些企业之所以会产生矛盾和问题，源头是事情没有通透，因此需要完成系统的思考、顶层的设计，这是一个改变认识、达成共识的过程。

企业文化变革的动因最好是战略变革的需要，文化的转型及文化的发展是实践与经历的产物，塑造优秀的文化应立足于日常的言行素养，并对其进行深度思考。如果是基于危机转型而导致的文化变革，也必须从务实的实践起步。文化变革本质上是组织能力建设或战略转型的组织能力重构，同时文化层面的变革也会伴随着一定程度的继承。

在企业文化变革时，企业应设计用员工参与的方式，而不是强行灌输的方式，机制上支持到位、领导的行为表率到位、主题变革推进到位，聚焦突破焦点问题，坚持开展文化建设活动，让更多员工知道并理解企业文化，让更多员工知道企业在倡导什么、反对什么。

这里进行一个思考，可以填上你所思考的内容。

① 企业是否有一个或更多的信念？

___

② 如果有，它们是什么？

___

③ 它们的依据是什么？

___

④ 企业员工知道这些信念吗？如果知道，他们又是谁？有多少人？

___

⑤ 这些信念是怎样影响企业的日常经营活动的？

___

⑥ 这些信念通过怎样的方式得到加强？

___

组织企业核心员工进行一次专题研讨会，对企业文化的建设进行一些有效的分析。

① 分析企业已有的文化系统——是否契合？有没有问题？

②听取企业的自我介绍——谁来介绍？企业文化的核心是什么？

③研究企业的实物——企业历史的见证、文化的沉淀。

④与企业员工交谈——员工对企业文化的理解和践行如何？

⑤观察员工如何工作——比较员工言行是否一致、是否有企业文化的内化及习惯的养成。

⑥访问外部人员对于企业的看法——服务商、客户、社会大众。

读完本书，你一定会发现这本书会激发你大量的思考，书中很多内容也在积极探索与读者之间的互动。书中的作业要求与填空留白，真心希望你能够认真地完成，相信你一定会有很好的输出。最后，我还想给你一条建议：这本书你可以多买两本，除了自己阅读，还可以送给你的朋友。

后 记

修　行

本书的思绪、章节成型于转战各个城市培训的间隙，如火车上、飞机上、出租车里、酒店房间里，而完稿于当下。

2020年，全国人民经历了一个刻骨铭心的春节，在抗击新型冠状病毒肺炎的战役中，居家隔离给了我更多的时间与空间去思考、整理，同时也给我带来了严峻的考验和挑战。

在过去的一年里，我一直在觉察身边人与人之间关系的变化。我发现"面子"在成年人的世界里变得那么重要，"社交之累"其实是因为很多人都试图表现出自己其实并不具备的品质，人们一边渴望被了解，一边害怕被看穿。我总结了一个观点：成年人的世界，人与人之间的关系一定是在

> **解　题：** 问题分析与解决十二法

高度独立自主的前提下的高度合作。

社会发展的速度是极快的，人们害怕被拉开差距，害怕被抛弃，于是大多数人的选择是加快自转速度以适应发展的节奏。糟糕的是，许多人宁愿相信包装出来的假象，不断地"感动"自己，也不愿意真实地去探索自我蜕变。

从普及知识到管理创新，我们对企业培训圈层新思潮演变的深度思考，是否能够演变成为一种责任和使命？希望再过 20 年，我们这些人不是因为搬运了多少知识、赚取了多少钱而被人怀念，而是因为我们的精神风貌和对众人产生的影响而被记住。

步入不惑之年后，人们需要清楚自己追求的到底是什么、厌恶的又是什么，在面对自己时应郑重地做出选择。每个人都有自己的活法，不轻易地菲薄、妄断他人，在历经荣辱、成败，甚至生死以后，豁然发现，一切皆是修行。

对问题分析与解决这一主题感兴趣的读者可以在"腾讯视频"搜索"问题管理研习社"，观看相关课程花絮视频。如有更多需要交流的问题，也可注明情况加我微信沟通：yx3421。

殷祥

2020 年 8 月 20 日